Impressum
Verlag: BABADADA GmbH, Nedderfeld 112 , 22529 Hamburg
Geschäftsführer / Verlagsleitung: Harald Hof
Druck: Books on Demand GmbH, In de Tarpen 42, 22848 Norderstedt

Imprint
Publisher: BABADADA GmbH, Nedderfeld 112 , 22529 Hamburg, Germany
Managing Director / Publishing direction: Harald Hof
Print: Books on Demand GmbH, In de Tarpen 42, 22848 Norderstedt

škola

l'école

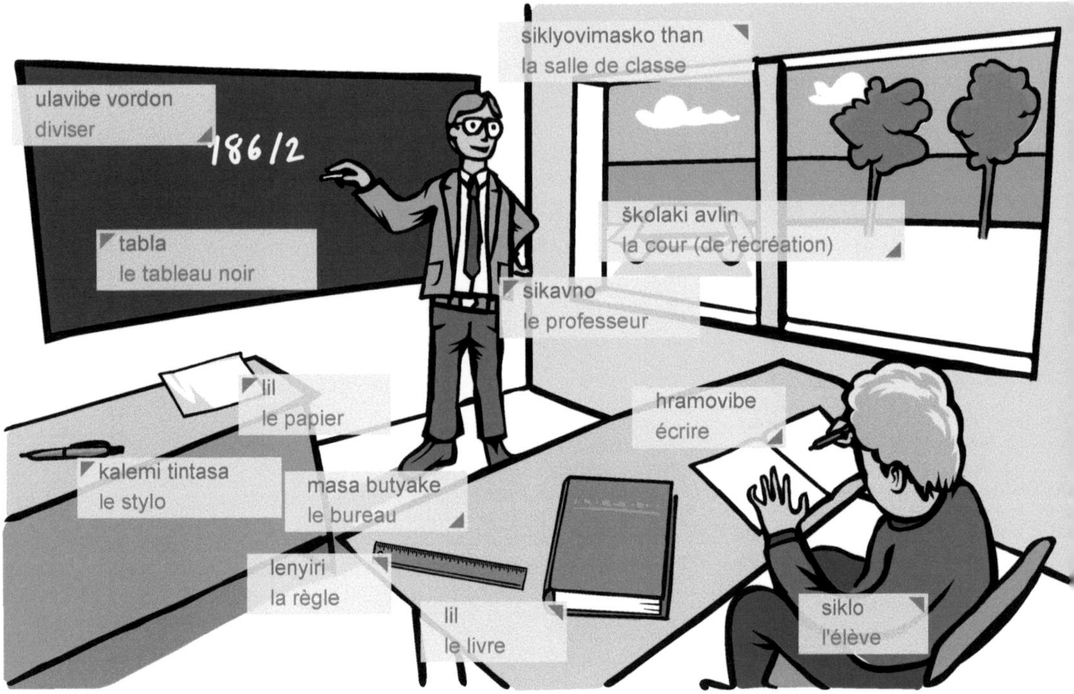

siklyovimasko than
la salle de classe
ulavibe vordon
diviser
186/2
tabla
le tableau noir
školaki avlin
la cour (de récréation)
sikavno
le professeur
lil
le papier
hramovibe
écrire
kalemi tintasa
le stylo
masa butyake
le bureau
lenyiri
la règle
lil
le livre
siklo
l'élève

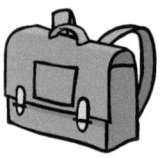

dumeski tašna

le cartable

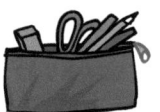

kalemengi kutia

la trousse

kalemi

le crayon

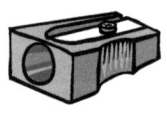

kalemengi čhurori

le taille-crayon

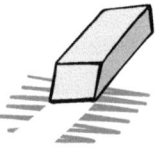

kosimaski guma

la gomme

čitrimasko bloko

le carnet à dessin

čitribe

le dessin

boyimaski frča

le pinceau

boyimaski kutia

la boîte de peinture

kata

les ciseaux

lepako

la colle

bukjardarimasko lil

le cahier d'exercices

khereski buti

les devoirs

gendo

le chiffre

džide

additionner

ikal

soustraire

multiplicirin

multiplier

kalkulirin

calculer

hramome lil

la lettre

alfabeta

l'alphabet

lafo

le mot

teksti

le texte

drabaribe

lire

kreda

la craie

lekciya

la leçon

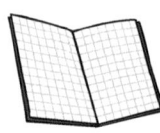

Klasesko registro

le livre de classe

egzameni

l'examen

sertifikato

le certificat

školaki uniforma

l'uniforme scolaire

edukacia

la formation

enciklopedia

le lexique

univerziteto

l'université

mikroskopo

le microscope

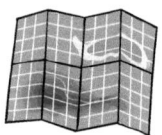

mapa

la carte

korpa čhudimaske lila

la corbeille à papier

škola - l'école

dromaripe
le voyage

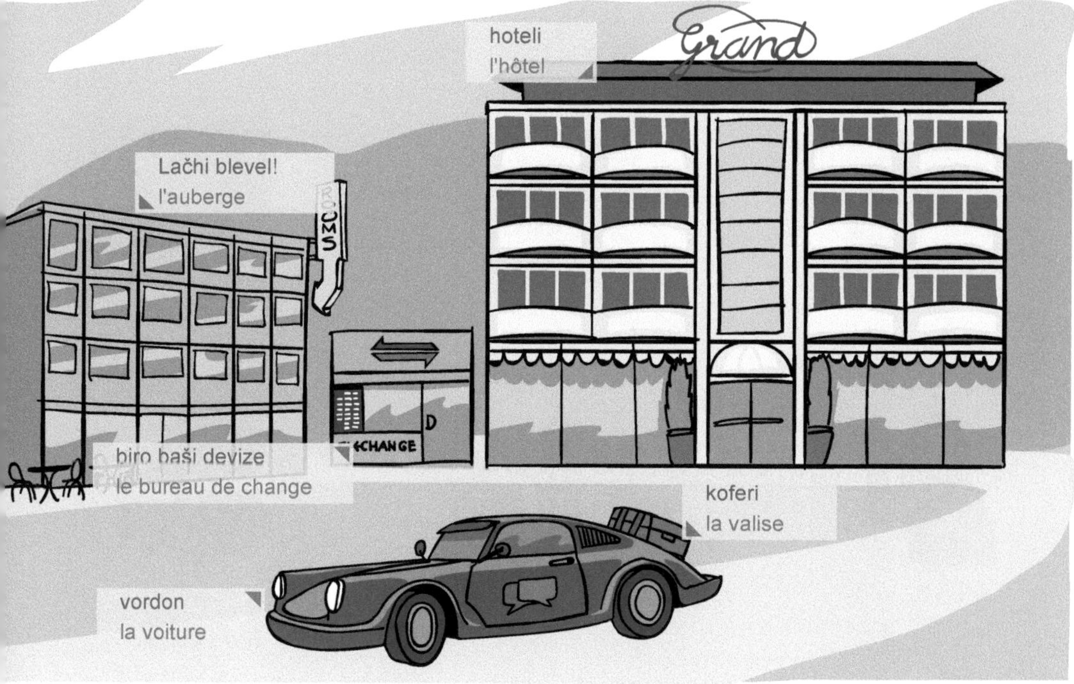
hoteli
l'hôtel
Grand
Lačhi blevel!
l'auberge
ROOMS
biro baši devize
le bureau de change
CHANGE
koferi
la valise
vordon
la voiture

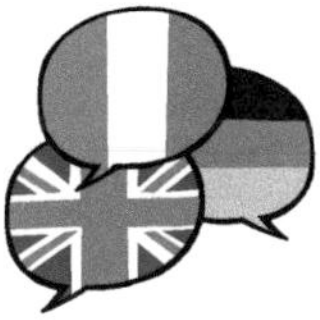

ćhib
la langue

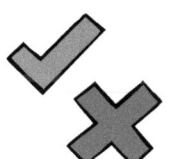

va / na
oui / non

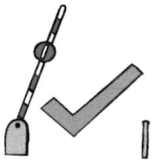

Okay
d'accord

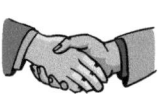

Namaste
Salut

tumači
l'interprète

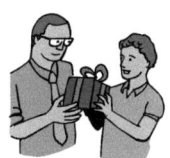

Ov sasto
merci

Kozom si...?

Combien coûte...?

Na havava

Je ne comprends pas

problemo

le problème

Lačhi rat!

Bonsoir !

Lačhi javin!

Bonjour !

Lačhi rat!

Bonne nuit !

ačhon Devlesa

Au revoir

dromeski sikavin

la direction

bagaži

les bagages

gono

le sac

dumesko gono

le sac-à-dos

misafiri

l'hôte

kamara

la pièce

sovimasko gono

le sac de couchage

cerha

la tente

turistikani informacia

l'office de tourisme

plaža

la plage

kreditno kartica

la carte de crédit

javinako habe

le petit-déjeuner

kušluko

le déjeuner

ratyako habe

le dîner

karta

le billet

elevatori

l'ascenseur

marka

le timbre

simantra

la frontière

adetia

la douane

ambasada

l'ambassade

viza

le visa

pašaporti

le passeport

transporti
le transport

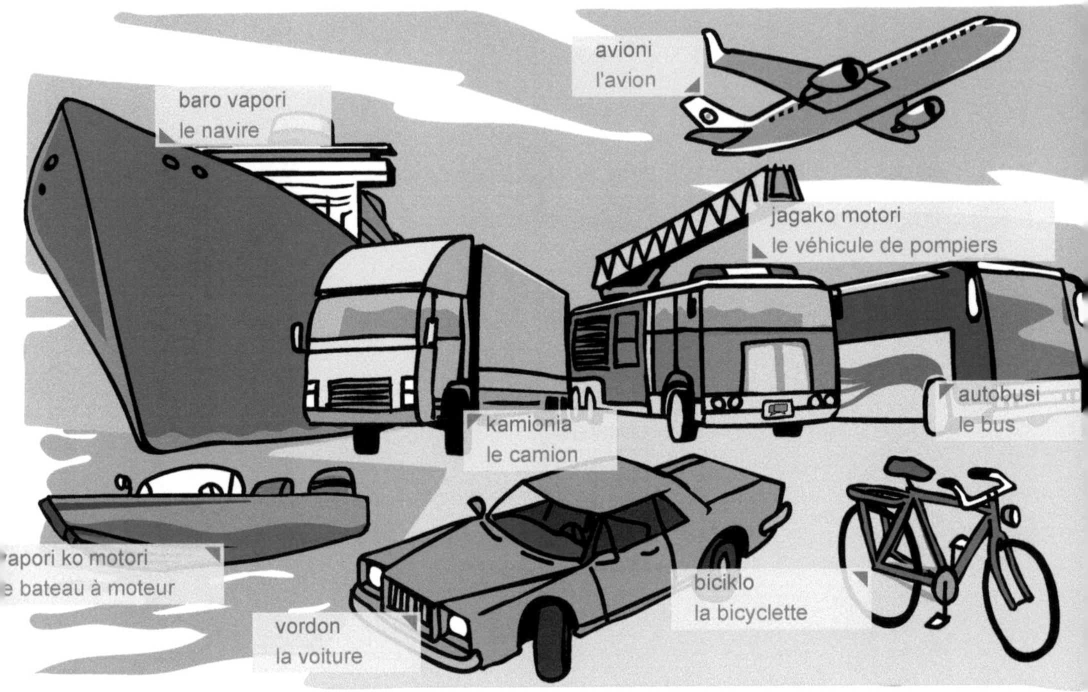

avioni
l'avion
baro vapori
le navire
jagako motori
le véhicule de pompiers
autobusi
le bus
kamionia
le camion
apori ko motori
e bateau à moteur
biciklo
la bicyclette
vordon
la voiture

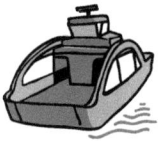

feri vapori

le ferry

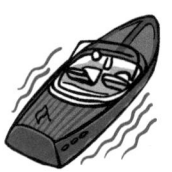

vapori

la barque

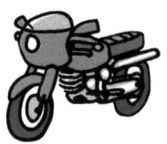

motorciklo

la moto

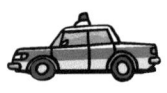

policiako vordon

la voiture de police

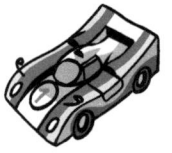

prastamasko vordon

la voiture de course

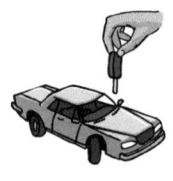

rentakar

la voiture de location

ulavibe vordon

l'auto-partage

rumosardo kamioni

la voiture de remorquage

kamionengo than

la benne à ordures

motori

le moteur

petroli

l'essence

petrolesko stasioni

la station d'essence

trafikoskere išaretia

le panneau indicateur

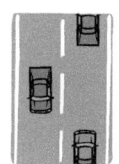

trafiko

le trafic

baro trafiko

l'embouteillage

vordonesko parkirimasko than

le parking

pampurengo stasioni

la gare

kamionia

les rails

pampuri

le train

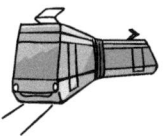

tramvaj

le tramway

vagoni

le wagon

helikopteri

l'hélicoptère

aeroporti

l'aéroport

kula

la tour

dromarutno

le passager

kontejneri

le conteneur

kartoni

le carton

vordonoro

le chariot

sevli

la corbeille

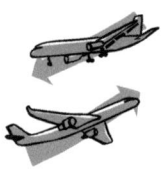

urjalipasko starto /
urjalipasko agor

décoller / atterrir

diz

la ville

gav

le village

dizyako centro

le centre-ville

kher

la maison

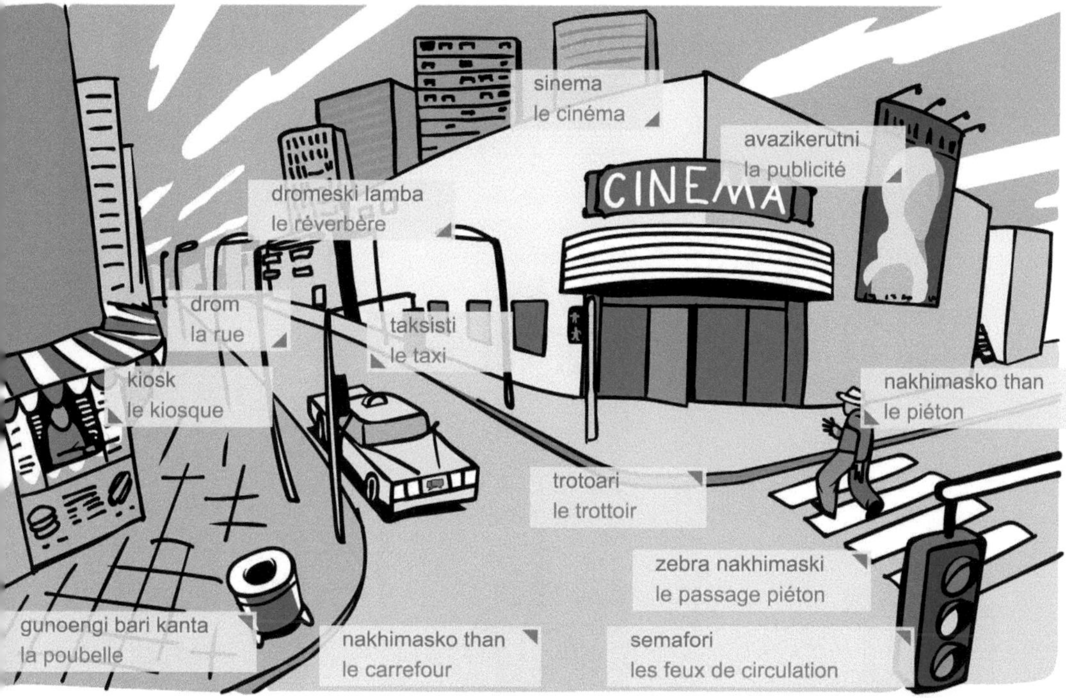
sinema
le cinéma
CINEMA
avazikerutni
la publicité
dromeski lamba
le réverbère
drom
la rue
taksisti
le taxi
kiosk
le kiosque
nakhimasko than
le piéton
trotoari
le trottoir
zebra nakhimaski
le passage piéton
gunoengi bari kanta
la poubelle
nakhimasko than
le carrefour
semafori
les feux de circulation

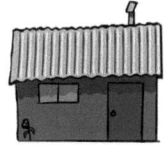

koliba

la cabane

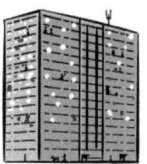

apartmani

l'appartement

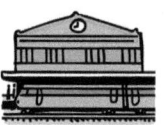

pampurengo stasioni

la gare

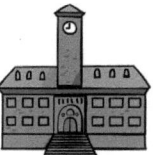

dizyaki sala

la mairie

MUSEUM

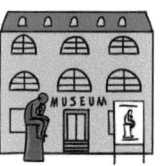

muzeji

le musée

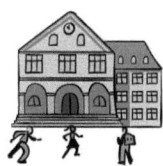

škola

l'école

univerziteto

l'université

banka

la banque

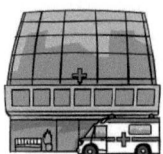

hospitalo

l'hôpital

hoteli

l'hôtel

apoteka

la pharmacie

ofiso

le bureau

lil bikinimasko than

la librairie

dukyano

le magasin

lulugengo bikinutno

le fleuriste

supermarket

le supermarché

kurko

le marché

baro bikinimasko kher

le grand magasin

mačhengo astarutno

la poissonnerie

kinimasko centro

le centre commercial

vaporengo ačhovimasko
than

le port

parko

le parc

klupa

la banque

purt

le pont

merdevenya

les escaliers

metro stasioni

le métro

tuneli

le tunnel

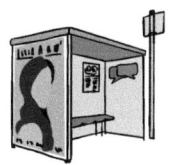

autobuseski adžikerin

l'arrêt de bus

bar

le bar

restorani

le restaurant

poštako mohto

la boîte à lettres

dromesko išareti

le panneau indicateur

parking than

le parcmètre

zoo

le zoo

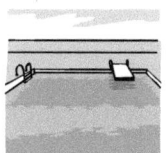

nangyovimasko bazeni

le réverbère

džamiya

la mosquée

farma

la ferme

melalipe

la pollution

limorengo than

la cimetière

khangeri

l'église

khelimasko than

l'aire de jeux

hramo

le temple

pejzaži
le paysage

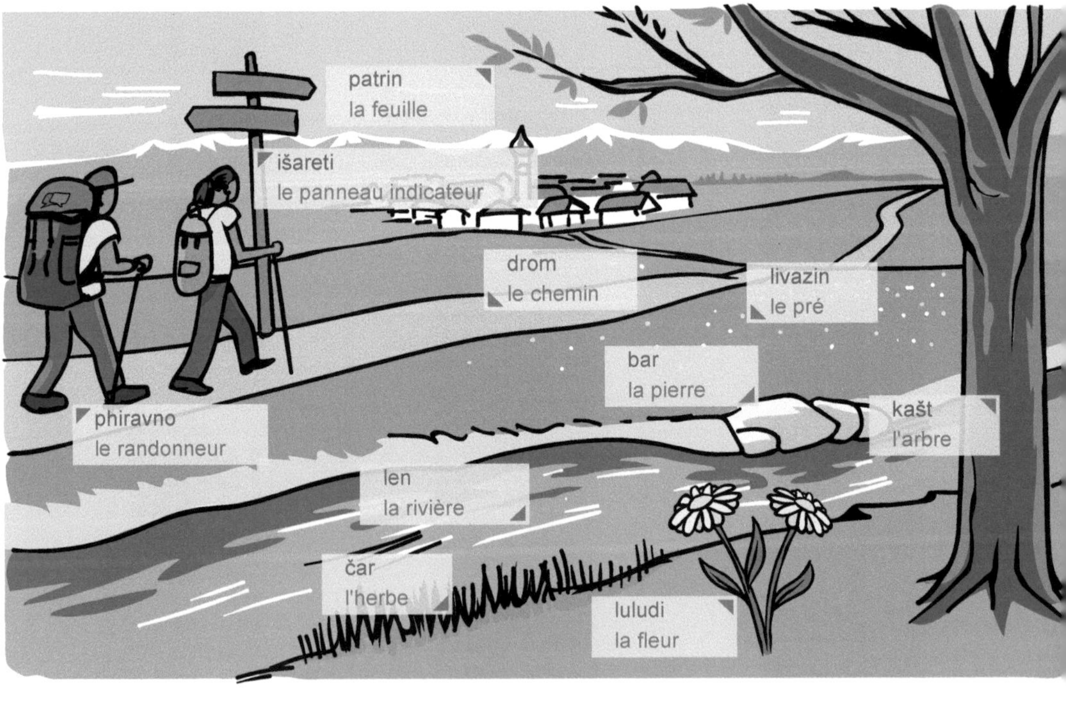

patrin
la feuille

išareti
le panneau indicateur

drom
le chemin

livazin
le pré

bar
la pierre

kašt
l'arbre

phiravno
le randonneur

len
la rivière

čar
l'herbe

luludi
la fleur

harno than

la vallée

bairi

la montagne

devrijal

le lac

veš

la forêt

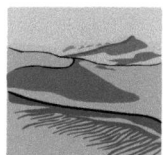

mulano than

le désert

vulkano

le volcan

saraji

le château

renkali badalin

l'arc-en-ciel

gaba

le champignon

palma kašt

le palmier

sivrija

le moustique

mak

la mouche

karandža

les fourmis

birumni

l'abeille

pauko

l'araignée

buba
le coléoptère

žamba
la grenouille

ververica
l'écureuil

kanzauri
le hérisson

šošoj
le lièvre

buf
la chouette

pakšin
l'oiseau

lebedi
le cygne

bali
le sanglier

eleno
le cerf

eleno
l'élan

pani garavin
le barrage

bavlalaki turbina
l'éolienne

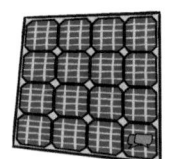

solarno paneli
le panneau solaire

klima
le climat

restorani
le restaurant

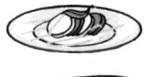

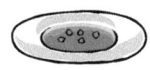

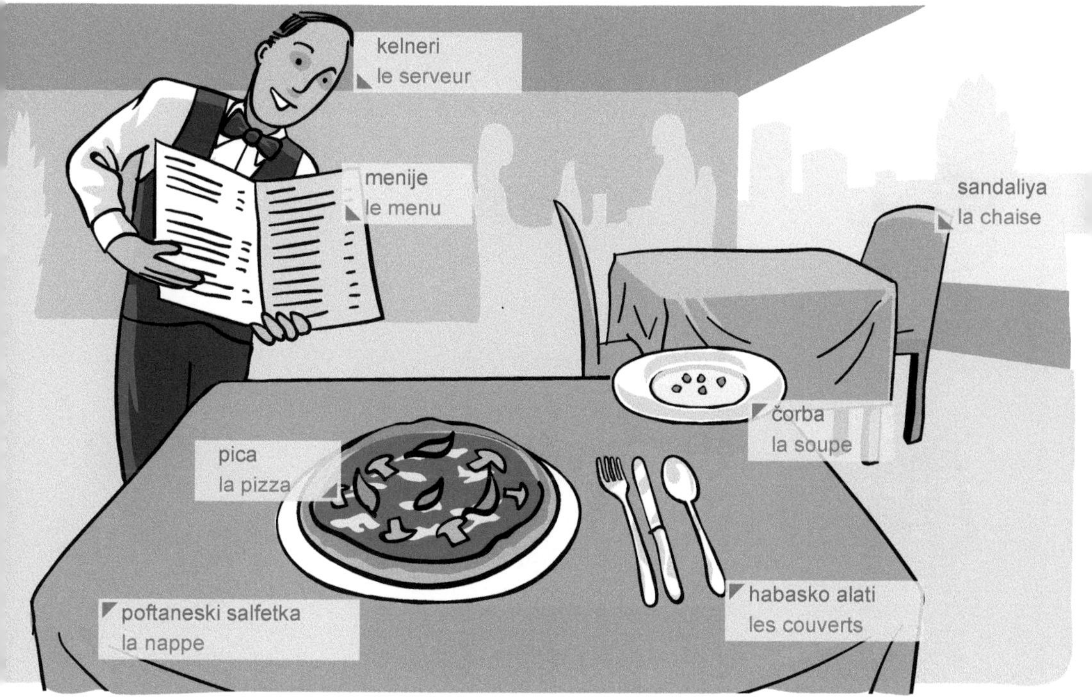
kelneri
le serveur
menije
le menu
sandaliya
la chaise
čorba
la soupe
pica
la pizza
habasko alati
les couverts
poftaneski salfetka
la nappe

avgo habe

les hors d'œuvre

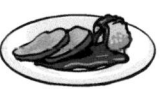

šerutno habe

le plat principal

gudlimata

le dessert

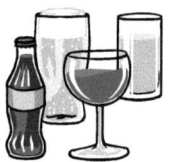

piiba

les boissons

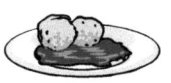

habe

l'alimentation

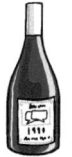

šiša

la bouteille

fast food

le fast-food

sokakongo habe

les plats à emporter

čajniko

la théière

šekereskoro čaroro

le sucrier

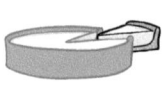

porcia

la portion

makina vaš espresso

la machine à expresso

uči sandaliya

la chaise haute

esapi

la facture

apladiya

le plateau

čhuri

le couteau

vilyuška

la fourchette

roj

la cuillère

čajeski roj

la cuillère à thé

salfetka

la serviette

tahtai

le verre

čaro

l'assiette

čaro čorbake

l'assiette à soupe

hor čaro

la soucoupe

sosi

la sauce

londesko čaroro

la salière

kale biberesko pišlo

le moulin à poivre

šut

le vinaigre

zejtini

l'huile

začinia

les épices

kečap

le ketchup

senf

la moutarde

majonezi

la mayonnaise

supermarket

le supermarché

specialno oferta
l'offre promotionnelle
FOR
mušteriya
le client
thudeske butya
les produits laitiers
emiši
les fruits
vordonoro
le chariot

BUTCHERS

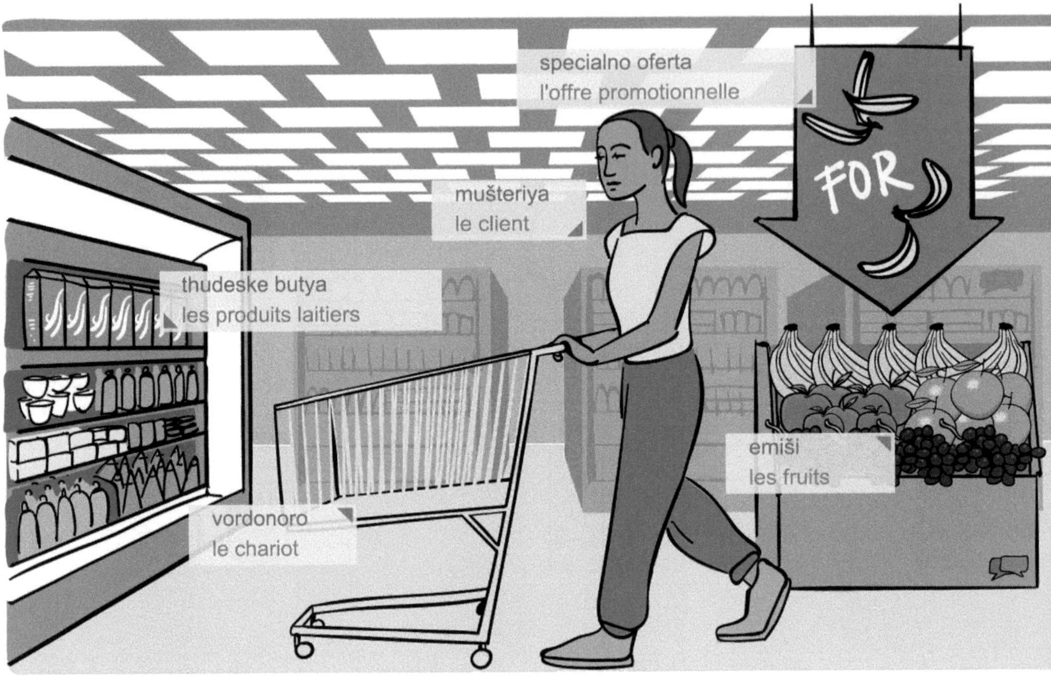

kasapi

la boucherie

BAKERY

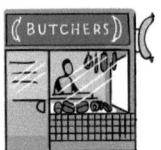

furuna

la boulangerie

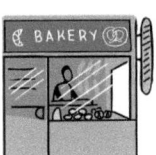

ladavipe

peser

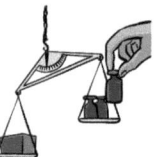

zarzavati

les légumes

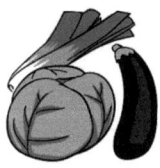

masesko rolati

la viande

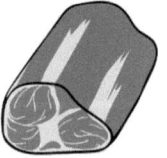

pahome habe

les aliments surgelés

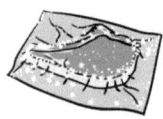

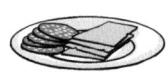

šudro mas

la charcuterie

konzerva

les conserves

thovimasko prašako

la poudre à lessive

gudlimata

les bonbons

khereske butya

les articles ménagers

užarimaske butya

les détergents

bikinutno

la vendeuse

kasapi

la caisse

kasieri

le caissier

kinimaski patrin

la liste d'achats

putarimaske satura

les heures d'ouverture

lovengi tašna

le portefeuille

kreditno kartica

la carte de crédit

gono

le sac

plastikano gono

le sac en plastique

les boissons

pani

l'eau

džus

le jus de fruit

thud

le lait

kola

le coca

mol

le vin

bira

la bière

alkohol

l'alcool

kakao

le chocolat chaud

čaj

le thé

kafa

le café

espresso

l'expresso

cappuccino

le cappuccino

banana

la banane

phabaj

la pomme

portokali

l'orange

kavuni

le melon

limoni

le citron.

karota

la carotte

sir

l'ail

bambusi

le bambou

purum

l'oignon

gaba

le champignon

akhora

les noisettes

humereske butya

les pâtes

špageti

les spaghetti

rezo

le riz

salata

la salade

čipsi

les pommes frites

peke kompiria

les pommes de terre rôties

pica

la pizza

hamburger

le hamburger

sendviči

le sandwich

kotleti

l'escalope

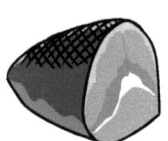

žamboni

le jambon

salama

le salami

goja

la saucisse

khajnako mas

le poulet

peko

le rôti

mačho

le poisson

popara
les flocons d'avoine

musli
le muesli

kornfleks
les cornflakes

varo
la farine

kroasani
le croissant

masesko rolati
les petits-pains

maro
le pain

tosti
le pain grillé

biskotia
les biscuits

puteri
le beurre

urda
le fromage blanc

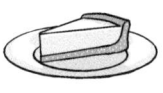

torta
le gâteau

jaro
l'œuf

peke jare
l'œuf au plat

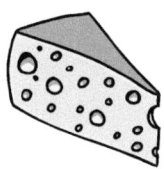

kiral
le fromage

šudro gudlo

la glace

šekeri

le sucre

avgin

le miel

džem

la confiture

čokoladaki krema

la crème nougat

kari

le curry

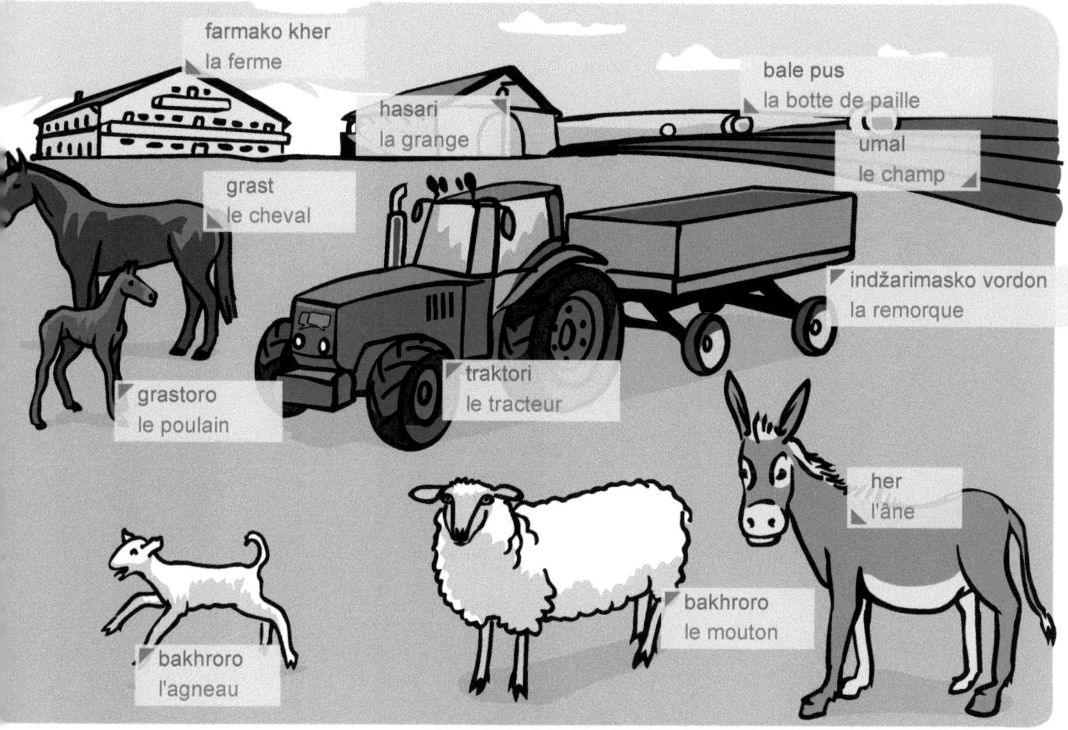

farmako kher
la ferme

hasari
la grange

bale pus
la botte de paille

umal
le champ

grast
le cheval

indžarimasko vordon
la remorque

grastoro
le poulain

traktori
le tracteur

her
l'âne

bakhroro
le mouton

bakhroro
l'agneau

buzno

la chèvre

guruvni

la vache

guruvoro

le veau

balo

le porc

baloro

le porcelet

guruv

le taureau

papin

l'oie

payka

le canard

pilička

le poussin

khayni

la poule

bašno

le coq

baro germuso

le rat

bilika

le chat

germuso

la souris

guruv

le bœuf

džukel

le chien

džukelesko kher

le chenil

žardina

le tuyau de jardin

panyarimaski kanta

l'arrosoir

aindžako kidimasko alati

la faucheuse

plugo

la charrue

srpo

la faucille

motika

la pioche

aindžaki vilyuška

la fourche

tover

la hache

vordonoro phiravutno

la brouette

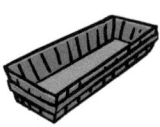

balani

la cuve

thudeski šiša

le pot à lait

harari

le sac

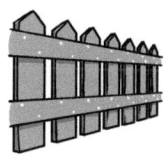

trujalutni

la clôture

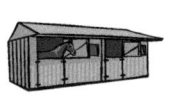

jahri

l'étable

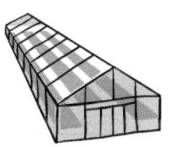

haryalo kher

le serre

phuv

le sol

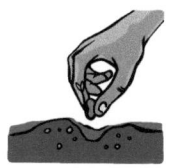

seme

les semences

gyubre

l'engrais

aindžako kidipe

la moissonneuse-batteuse

kidibe aindž

récolter

harmani

la récolte

phuvaki phabaj

l'igname

giv

le blé

soja

le soja

kompiri

la pomme de terre

mumuruzi

le maïs

šarlagani

le colza

emišengo kašt

l'arbre fruitier

Kasava

le manioc

giveskere javinlukoja

les céréales

kher
la maison

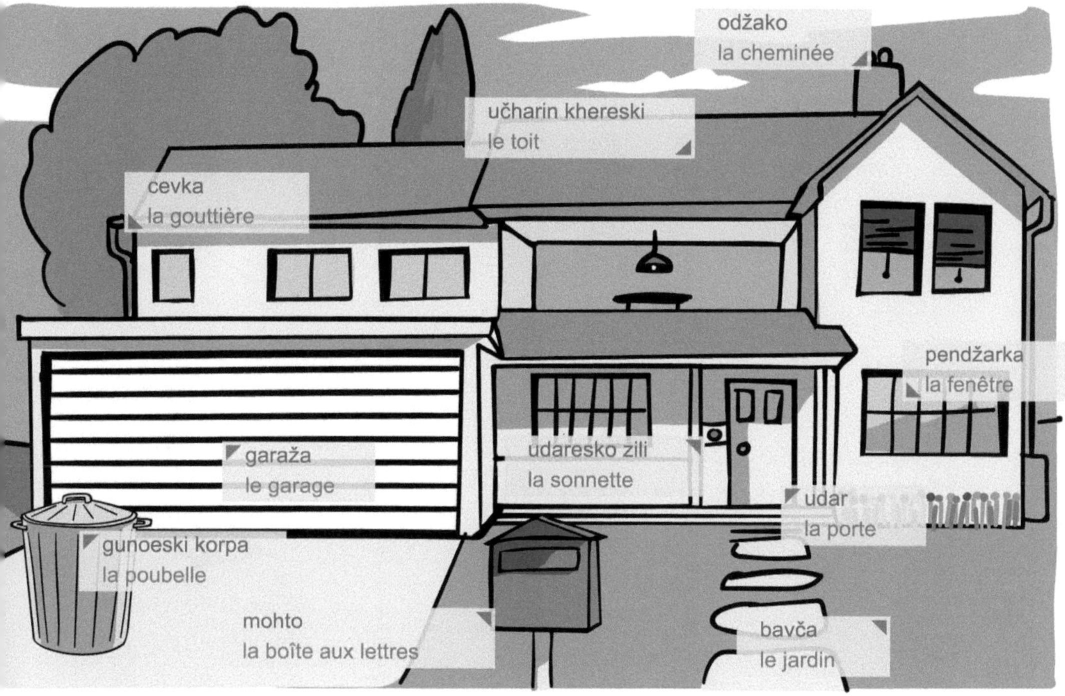

odžako
la cheminée
učharin khereski
le toit
cevka
la gouttière
pendžarka
la fenêtre
garaža
le garage
udaresko zili
la sonnette
udar
la porte
gunoeski korpa
la poubelle
mohto
la boîte aux lettres
bavča
le jardin

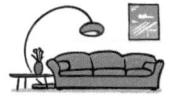

bešimaski kamara
le salon

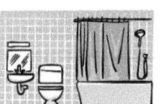

banya
la salle de bain

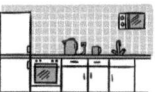

kujna
la cuisine

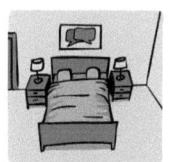

sovimasko than
la chambre à coucher

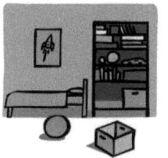

čhavengi kamara
la chambre d'enfant

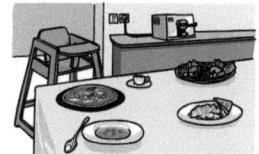

than hajbaske rakjako habe
la salle à manger

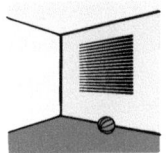

kati

le sol

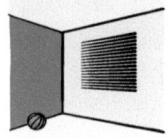

duvari

le mur

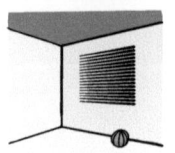

tavano

le plafond

špajzi

la cave

sauna

le sauna

terasa

le balcon

terasa

la terrasse

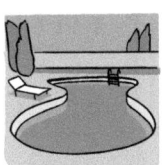

bazeni

la piscine

čar harnyarimaski makina

la tondeuse à gazon

patrin

la housse

čaršafia

la couette

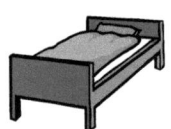

kreveto

le lit

šulavni

le balai

korpa

le sceau

elektrikani phabarin

l'interrupteur

bešimaski kamara

le salon

tapeta
le papier peint
tasviri
l'image
lamba
la lampe
rafti
l'étagère
ormari
l'armoire
televiziya
la télé
jagako than
la cheminée
luludi
la fleur
šerand
le coussin
sofa
le sofa
vazna
le vase
durutni komanda
la télécommande

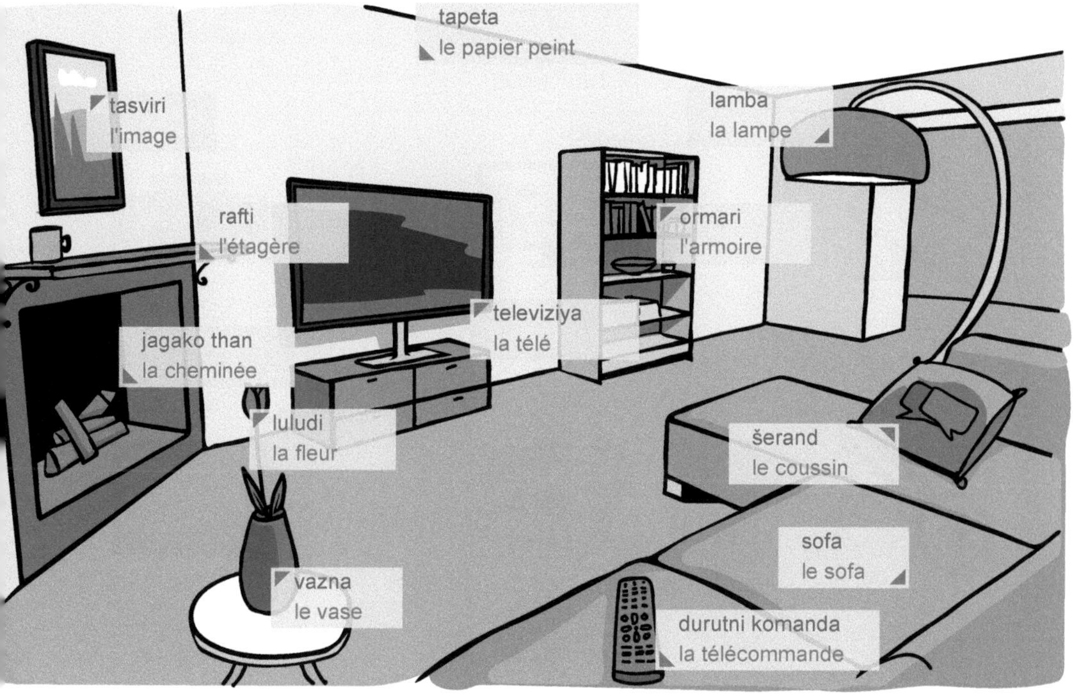

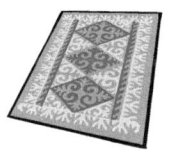

kilimi

le tapis

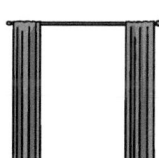

perde

le rideau

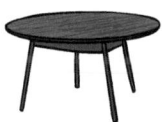

masa

la table

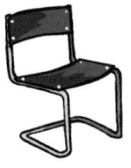

sandaliya

la chaise

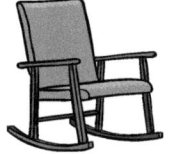

kunajka sandaliya

la chaise à bascule

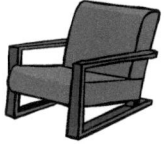

fotelya

le fauteuil

lil

le livre

kebe

la couverture

dekoraciya

la décoration

kašta phabarimaske

le bois de chauffage

filmi

le film

stereo ašunimaske butya

la chaîne hi-fi

nahtari

la clé

gazeta

le journal

frčaja bojakeribe

la peinture

posteri

le poster

radio

la radio

hramovimasko bloko

le bloc-notes

elektrikani šulavni

l'aspirateur

kaktusi

le cactus

momoli

la bougie

kujna
la cuisine

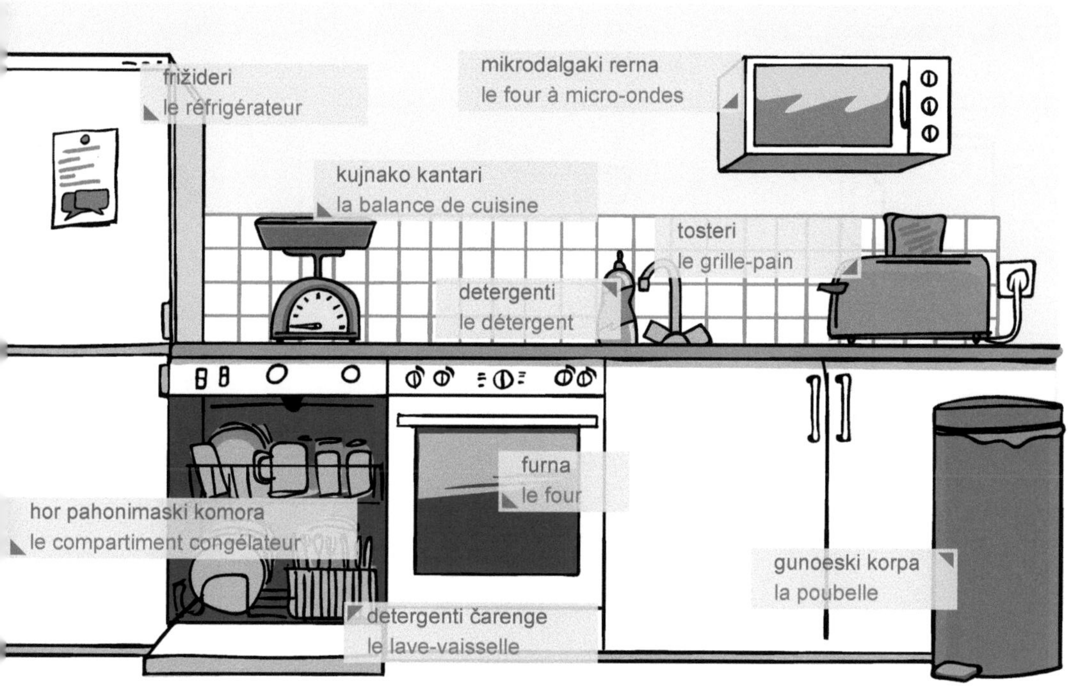
frižideri
le réfrigérateur
mikrodalgaki rerna
le four à micro-ondes
kujnako kantari
la balance de cuisine
tosteri
le grille-pain
detergenti
le détergent
furna
le four
hor pahonimaski komora
le compartiment congélateur
gunoeski korpa
la poubelle
detergenti čarenge
le lave-vaisselle

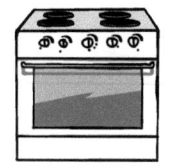

keravimasko than
le four

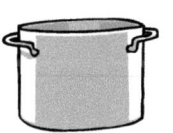

čaro
la casserole

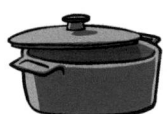

sastrnali tendžera
la marmite

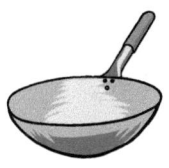

vok cihani
le wok / kadai

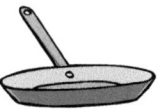

tava
la poêle

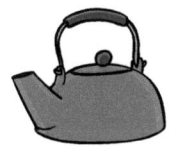

elektrikano bokali
la bouilloire electrique

tendžera ki para

le cuiseur vapeur

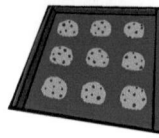

tepsija

la plaque de cuisson

čare

la vaisselle

bareder fildžano

le gobelet

čaro

la coupe

kinakere habaskere kaštore

les baguettes

fioka

la louche

špatula

la spatule

vastesko mikseri

le fouet

cedimasko čaro

la passoire

porizen

le tamis

rende

la râpe

avano

le mortier

skara

le barbecue

puteribe jag

la cheminée

čhinimaski tabla

la planche à découper

oklagia

le rouleau à pâtisserie

puterimasko alati

le tire-bouchon

konzerva

la boîte

konzervako puterutno

l'ouvre-boîte

čaresko ikerutno

les maniques

lavabo

le lavabo

frča

la brosse

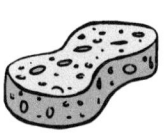

sungeri

l'éponge

mikseri

le mixeur

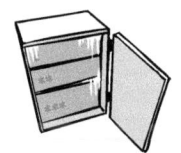

hor pahonimasko frižderi

le congélateur

bebeski šiša

le biberon

češma

le robinet

banya

la salle de bain

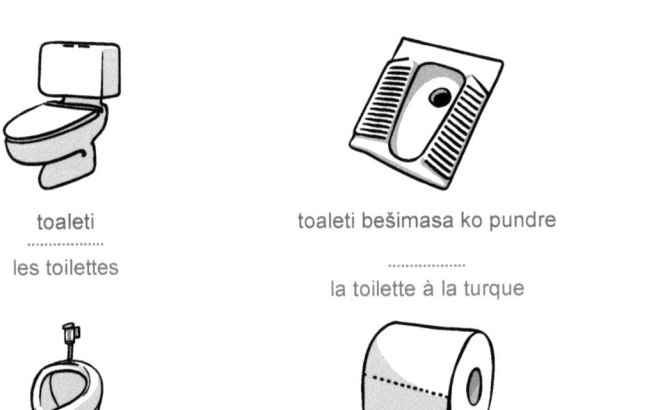

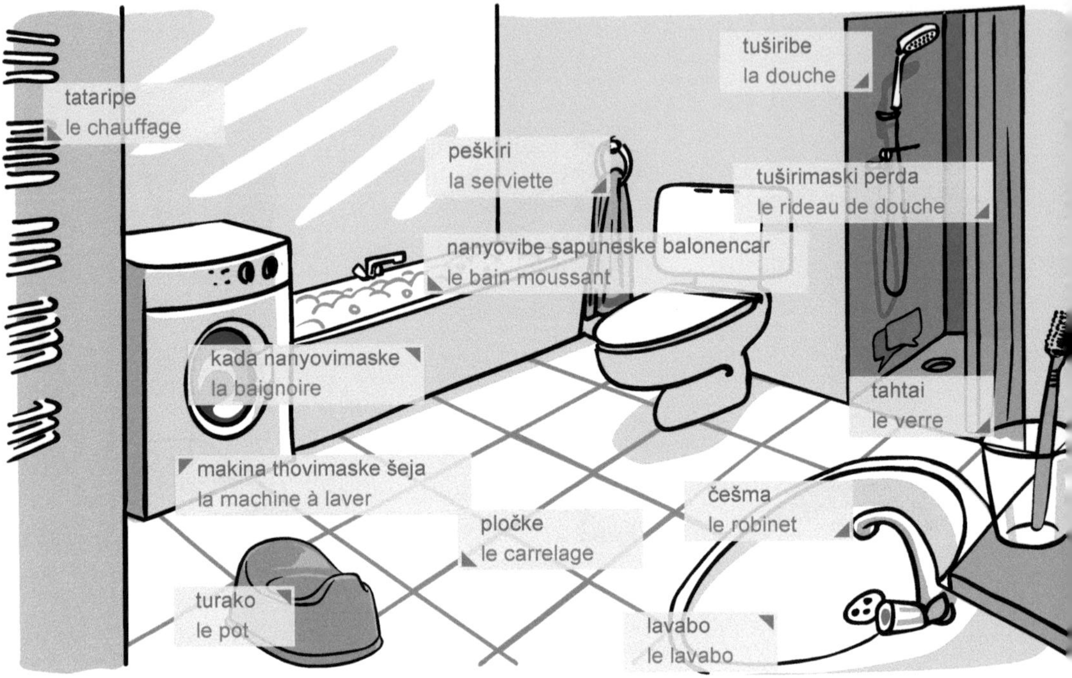
tataripe
le chauffage
tuširibe
la douche
peškiri
la serviette
tuširimaski perda
le rideau de douche
nanyovibe sapuneske balonencar
le bain moussant
kada nanyovimaske
la baignoire
tahtai
le verre
makina thovimaske šeja
la machine à laver
češma
le robinet
pločke
le carrelage
turako
le pot
lavabo
le lavabo

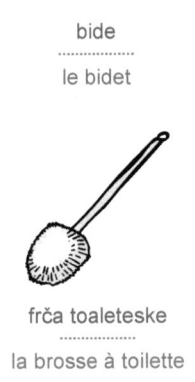

toaleti

les toilettes

toaleti bešimasa ko pundre

la toilette à la turque

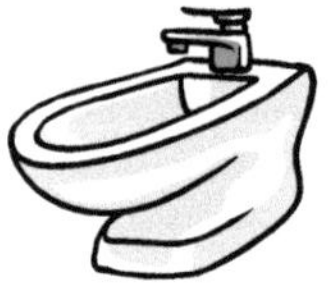

bide

le bidet

pisoari

l'urinoir

toaletesko lil

le papier toilette

frča toaleteske

la brosse à toilette

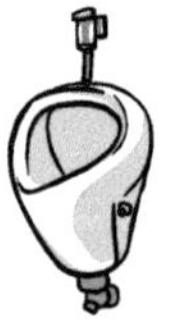

danda thovimaski frča

la brosse à dents

danda thovimaski krema

le dentifrice

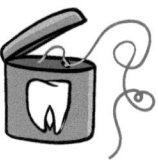

dandesko thav

le fil dentaire

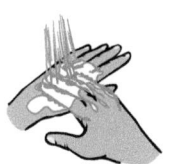

thovibe danda

laver

vasteskoro tuši

la douche manuelle

tuši

la douche intime

lavabo

la vasque

dumeski frča

la brosse dorsale

sapuni

le savon

tuširimasko geli

le gel douche

šamponi

le shampooing

flanela

le gant de toilette

kada ćidimaske pani

l'écoulement

krema

la crème

dezodoransi

le déodorant

ajna

le miroir

vasteski ajna

le miroir cosmétique

žileti moravimaske

le rasoir

moravimaski pena

la mousse à raser

palal muravimaski krema

l'après-rasage

kanglik

la peigne

frča

la brosse

feni balenge

le sèche-cheveux

sprej balenge

la laque pour cheveux

šminka

le fond de teint

karmini

le rouge à lèvres

oja najenge

le vernis à ongles

pamuko pošom

l'ouate

kata najenge

le coupe-ongles

parfemi

le parfum

gono thovimaske

la trousse de toilette

sandaliya

le tabouret

tereziya

le pèse-personne

bademantili

le peignoir

gumena kalcunya

les gants de nettoyage

tamponi

le tampon

toaletno lil

les serviettes hygiéniques

hemikano toaleti

la toilette chimique

čhavengi kamara

la chambre d'enfant

alarmesko sato
le réveil
mangli khelutni
le doudou
vordonora khelimaske
la voiture jouet
tropalka
le hochet
bebedžikongo kher
la maison de poupée
bakšiši
le cadeau

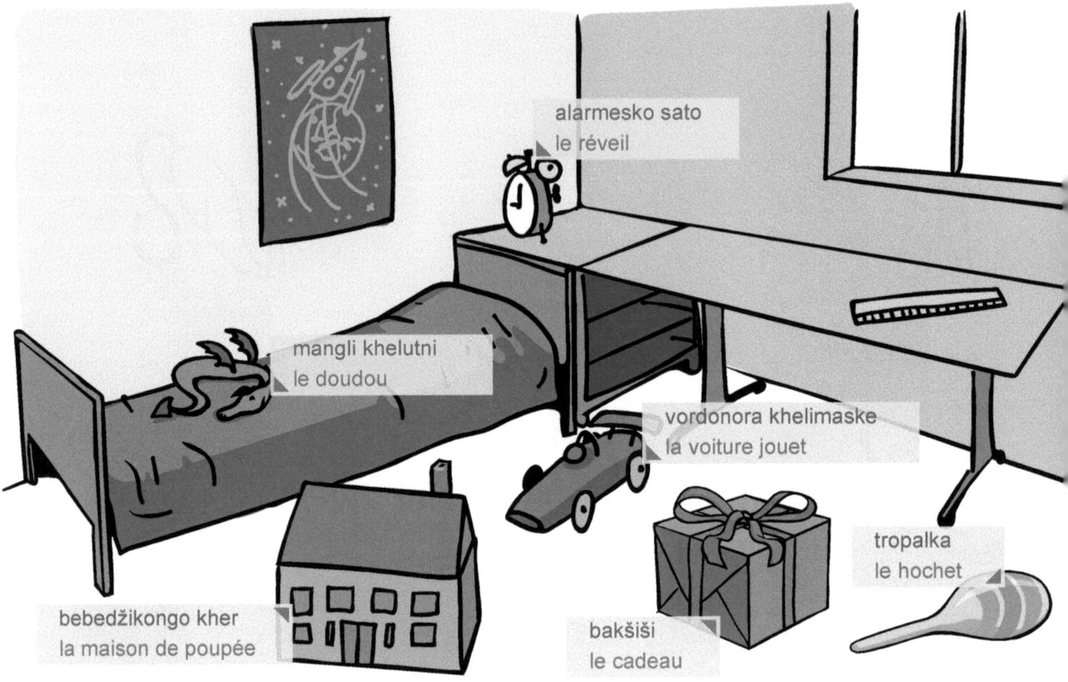

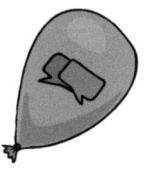

baloni

le ballon

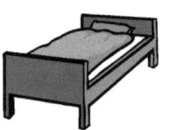

kreveto

le lit

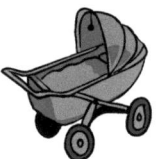

bebengo vordon

la poussette

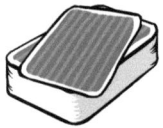

špili karte

le jeu de cartes

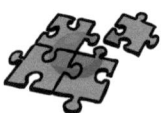

ker-rumin khelin

le puzzle

SUPER
MEGA

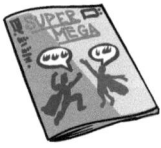

komikano lil

la bande dessinée

lego kocke

les pièces lego

kocke khelimaske

les blocs de construction

akciaki figura

la figurine

bodi bebeske

la grenouillère

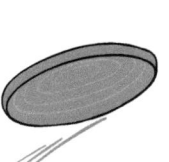

frizbi

le frisbee

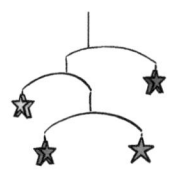

mobile

le mobile

masa khelimaske

le jeu de société

zari

le dé

pampuri khelimaske

le train miniature

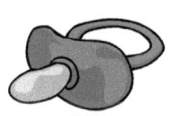

cucla

la sucette

bahlana

la fête

tasvirengo lil

le livre d'images

topka

la balle

bebedžiko

la poupée

khelibe

jouer

pošikako than
le bac à sable

kuna
la balançoire

khelimaske butya
les jouets

konzola video khelimaske
la console de jeu

triciklo
le tricycle

poftaneski ričini
l'ours en peluche

garderoba
l'armoire

šeja

les vêtements

kalcunya
les chaussettes

khuvde kalcunya
les bas

hulahopke
le collant

momija
l'écharpe

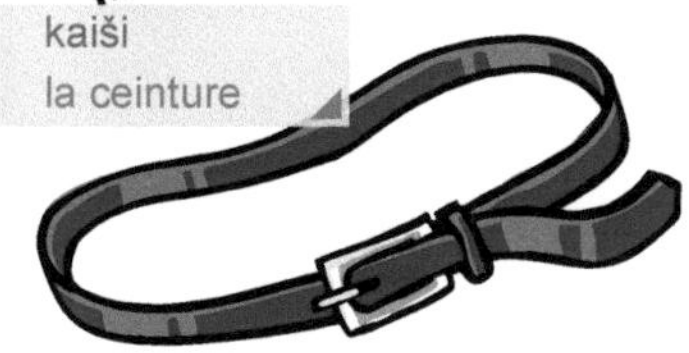

čadori
le parapluie

kaiši
la ceinture

maica
le t-shirt

trenerke
les baskets

čizme
les bottes

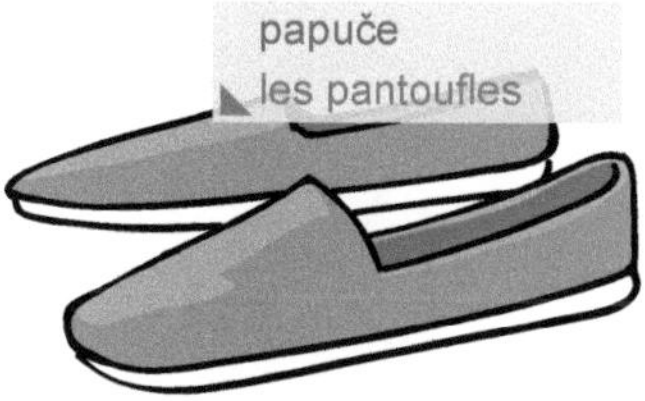

papuče
les pantoufles

sandale
....
les sandales

menije
....
les chaussures

gumena čizme
....
les bottes de caoutchouc

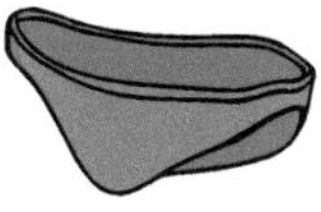

sostenya
....
les sous-vêtements

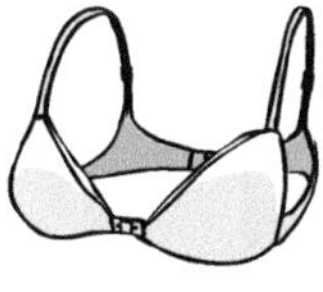

eleko
....
le soutien-gorge

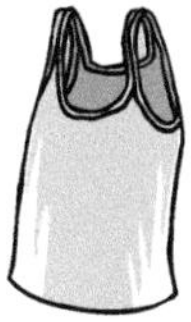

jeleko
....
le maillot de corps

šeja - les vêtements 45

bodi

le body

pantalonya

le pantalon

farmerke

le jean

suknya

la jupe

bluza

le chemisier

gat

la chemise

puloveri

le pull

dukseri

le sweat à capuche

harno kaputi

la veste

džeketi

la veste

kaputi

le manteau

biršimdesko mantili

l'imperméable

kostimi

le costume

fustano

la robe

prandinako fustano

la robe de mariée

kostumi

le costume

rakjako fustano

la chemise de nuit

pižame

le pyjama

sari

le sari

momija šereske

le foulard

turbani

le turban

burka

la burqa

kaftani

le caftan

abaya

l'abaya

nangyovimaske šeja

le maillot de bain

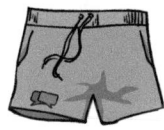

buxle pantolonya

le maillot de bain

harne pantolonya

le short

sporteske trenerke

la tenue d'entraînement

kecelya

le tablier

vasteske kalcunya

les gants

kopča

le bouton

gjuzlukya

les lunettes

belegziya

le bracelet

mirikle

le collier

angrustik

la bague

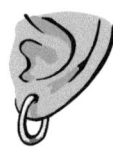

čeni

la boucle d'oreille

stadik

le bonnet

kaputeski čiviya

le cintre

stadik

le chapeau

kravata

la cravate

patenti

la fermeture éclair

kaciga

le casque

dandenge proteze

les bretelles

školaki uniforma

l'uniforme scolaire

uniforma

l'uniforme

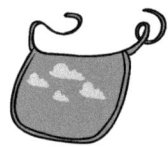

ligarka

le bavoir

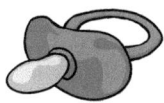

cucla

la sucette

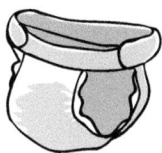

pherno

la lange

ofiso
le bureau

serveri
le serveur
raftija dokumentenca
l'armoire d'archivage
printeri
l'imprimante
lil
le papier
monitori
l'écran
mausi
la souris
masa butyake
le bureau
folderi
le classeur
tastatura
le clavier
korpa čhudimaske lila
la corbeille à papier
kompjuteri
l'ordinateur
sandaliya
la chaise

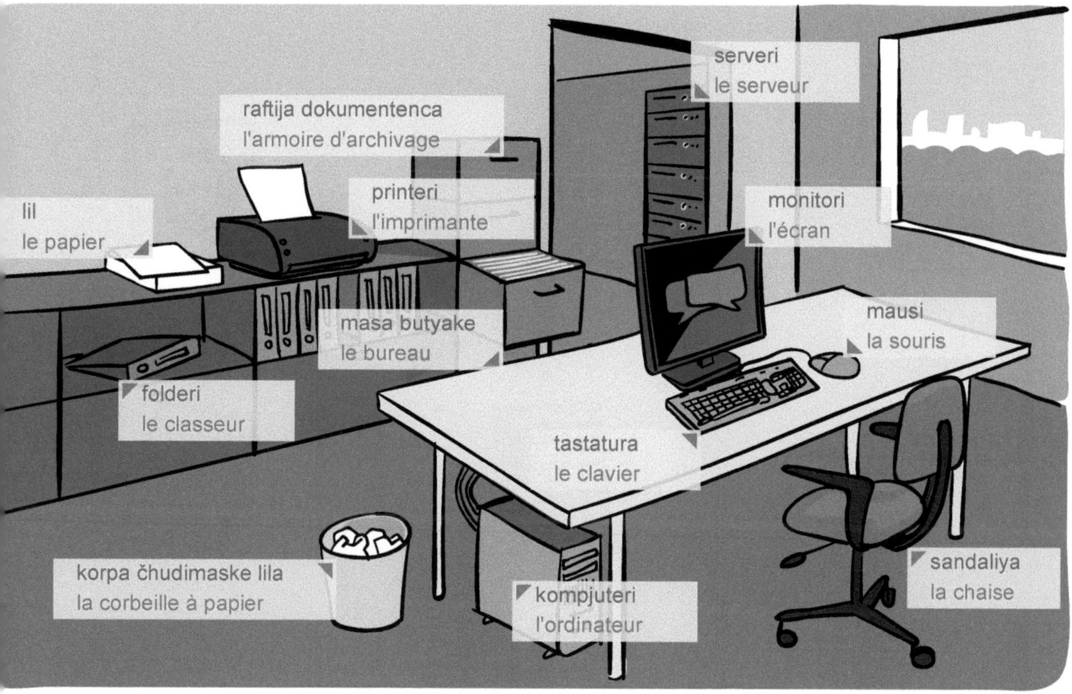

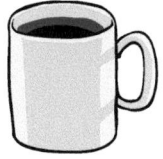

fildžano kafake

la tasse de café

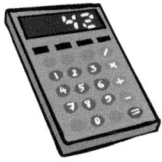

kalkulatori

la calculatrice

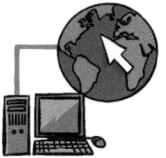

internet

l'internet

laptop

l'ordinateur portable

lil

la lettre

mesaži

le message

mobilno telefono

le portable

netvorko

le réseau

kopirimaski makina

la photocopieuse

softveri

le logiciel

telefono

le téléphone

štekeri

la prise

faks makina

le fax

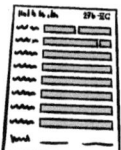

formulari

le formulaire

dokumento

le document

kinibe

acheter

pokinibe

payer

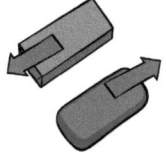

kino-bikinibe

faire du commerce

love

la monnaie

 **USD**

dolari

le dollar

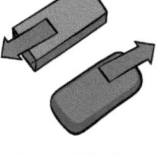 **EUR**

euro

l'euro

JPY

jeni

le yen

RUB

rublya

le rouble

CHF

švajcariako franko

le franc suisse

CNY

renminbi juan

le renminbi yuan

INR

rupija

la roupie

lovengo automati

le distributeur automatique

biro baši devize

le bureau de change

somnakaj

l'or

rup

l'argent

petroli

le pétrole

energia

l'énergie

fiyati

le prix

kontrakto

le contrat

taksa

la taxe

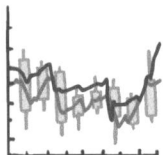

berzaki akcija

l'action

butikeribe

travailler

butyarno

l'employé

butyako dendutno

l'employeur

fabrika

l'usine

dukyano

le magasin

ekonomia - l'économie

profesie

les professions

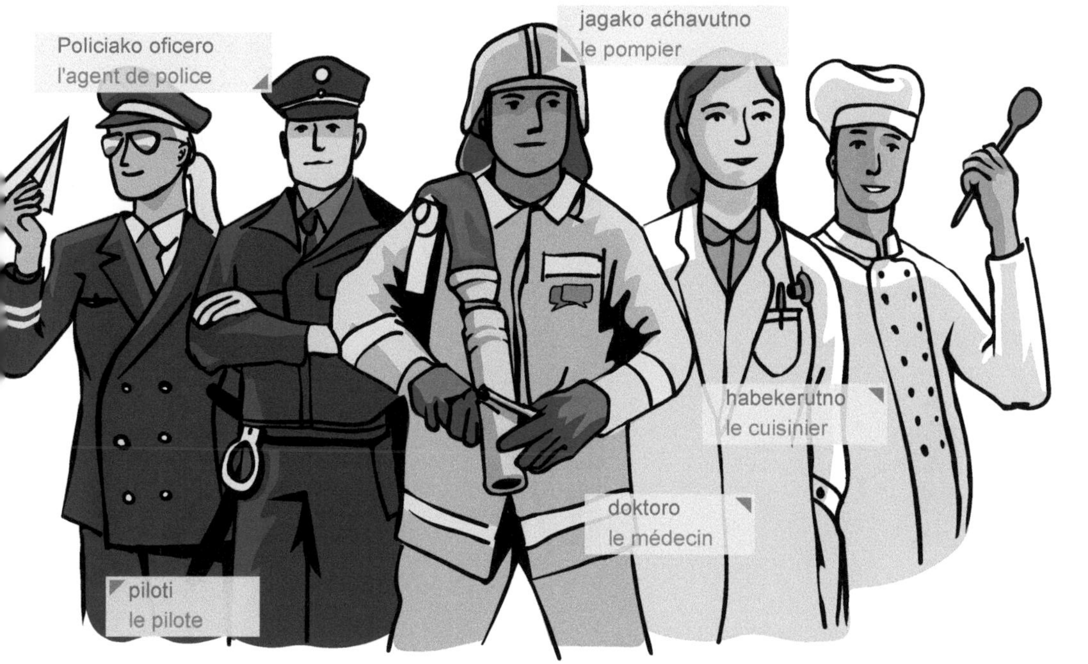
Policiako oficero
l'agent de police
jagako aćhavutno
le pompier
habekerutno
le cuisinier
doktoro
le médecin
piloti
le pilote

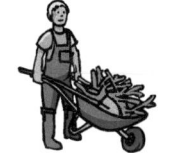

bavčako butyarno
....
le jardinier

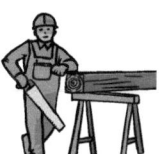

tišleri
....
le menuisier

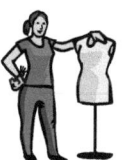

šnajderka
....
la couturière

krisuno
....
le juge

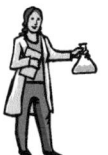

hemičari
....
le chimiste

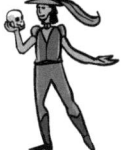

akteri
....
l'acteur

autobusesko šoferi

le conducteur de bus

taksisti

le chauffeur de taxi

mačhengo astarutno

le pêcheur

užarutni

la femme de ménage

učharinengo kerutno

le couvreur

kelneri

le serveur

avdžija

le chasseur

tasvirkerutno

le peintre

furnadžia

le boulanger

elektrikako phirno

l'électricien

tamirutno

l'ouvrier

inžinjeri

l'ingénieur

kasapi

le boucher

panjesko butyarno

le plombier

poštari

le facteur

askeri

le soldat

arhitekto

l'architecte

kasieri

le caissier

luludyari

le fleuriste

frizeri

le coiffeur

kondukteri

le contrôleur

mekanisti

le mécanicien

kapetani

le capitaine

dandengo saslyarno

le dentiste

vigjanalo manuš

le scientifique

rabini

le rabbin

imami

l'imam

rašaj

le moine

rašaj

le prêtre

alatia

les outils

čekiči
le marteau
silavja
les pinces
šrafcigeri
le tournevis
mekanikane nahtaria
la clé
fakeli
la torche

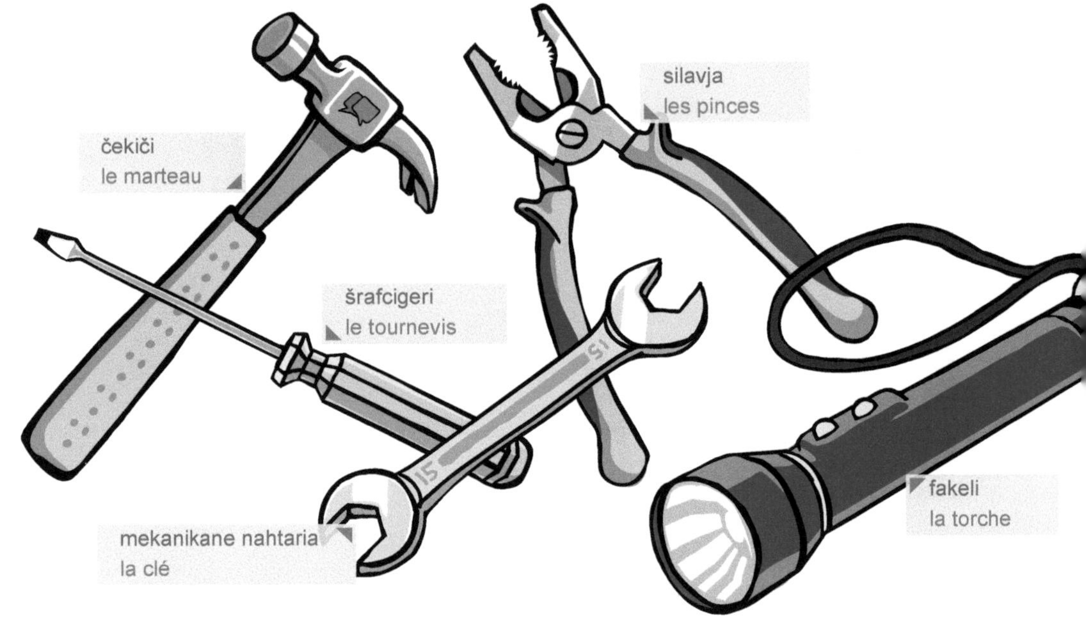

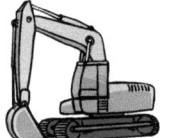

hrandimasko alati

la pelleteuse

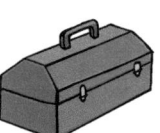

alateski kutia

la boîte à outils

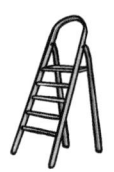

merdeveni

l'échelle

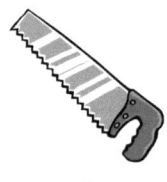

pila

la scie

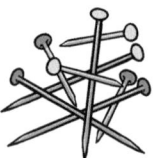

karfa

les clous

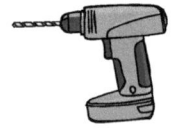

posavin

la perceuse

lačharkeribe

réparer

lopata

la pelle

Naleti!

Mince !

vatrali

la pelle

lonco bojimaske

le pot de peinture

šrafja

les vis

muzikane instrumentia
les instruments de musique

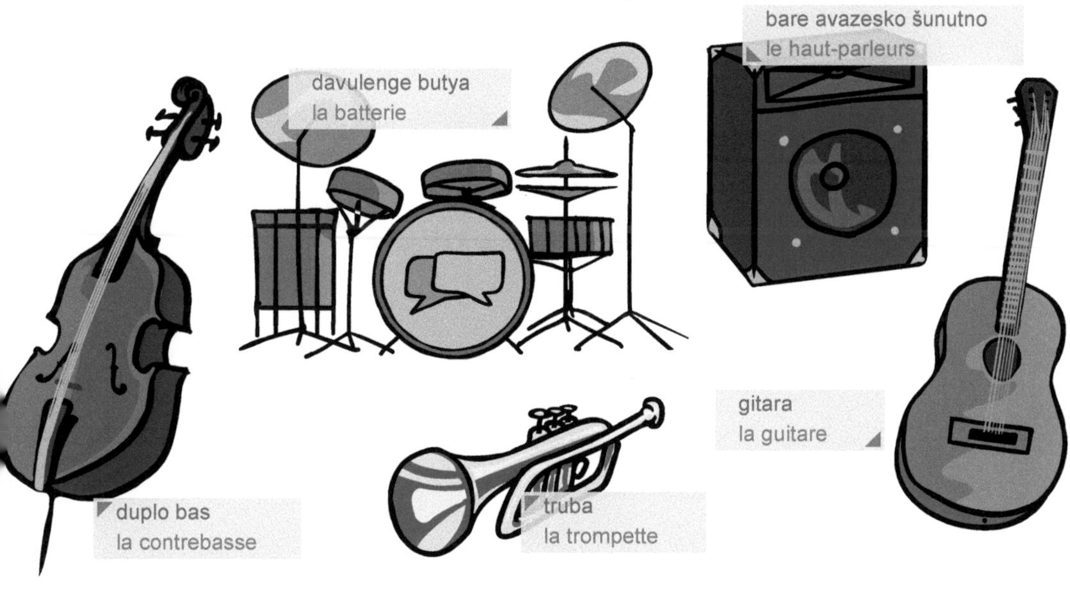

davulenge butya
la batterie

bare avazesko šunutno
le haut-parleurs

gitara
la guitare

duplo bas
la contrebasse

truba
la trompette

piano

le piano

kemana

le violon

bas

la basse

timpani

les timbales

davulia

le tambour

sintisajzeri

le piano électrique

saksafoni

le saxophone

flejta

la flûte

mikrofoni

le microphone

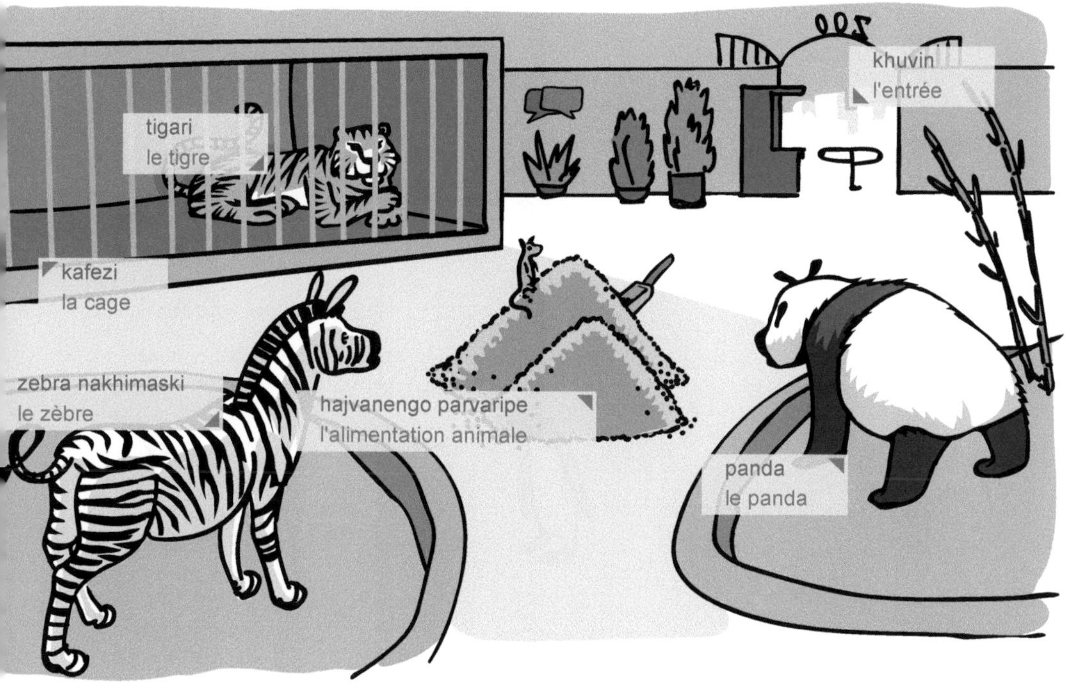

khuvin
l'entrée

tigari
le tigre

kafezi
la cage

zebra nakhimaski
le zèbre

hajvanengo parvaripe
l'alimentation animale

panda
le panda

hajvania

les animaux

elefanti

l'éléphant

kenguri

le kangourou

rino

le rhinocéros

gorila

le gorille

ričini

l'ours

kamila

le chameau

ostriga

l'autruche

aslani

le lion

majmuni

le singe

flamingo

le flamand rose

papagali

le perroquet

polarno ričini

l'ours polaire

pingvini

le pingouin

ajkula

le requin

pauno

le paon

sap

le serpent

krokodilo

le crocodile

zoo arakhutno

le gardien de zoo

foka

le phoque

jaguari

le jaguar

poni

le poney

leopardi

le léopard

hipo

l'hippopotame

žirafa

la girafe

zorale kandžengi paškin

l'aigle

bali

le sanglier

mačho

le poisson

želka

la tortue

morži

le morse

lumri

le renard

gazela

la gazelle

Amerikako fudbali
l'american Football

biciklizmo
le cyclisme

tenis
le tennis

basketboli
le basket-ball

nangjovibe
la natation

boksi
la boxe

hokej ko paho
le hockey sur glace

fudbali
le football

badmington
le badminton

atletika
l'athlétisme

vasteskoboli
le handball

skiibe
le ski

polo
le polo

aktivitetia
les activités

asaibe
rire
hutibe
sauter
deibe angali
embrasser
phiribe
marcher
giljavibe
chanter
dikhibe suno
rêver
azirikeribe
prier
čumibe
faire la bise

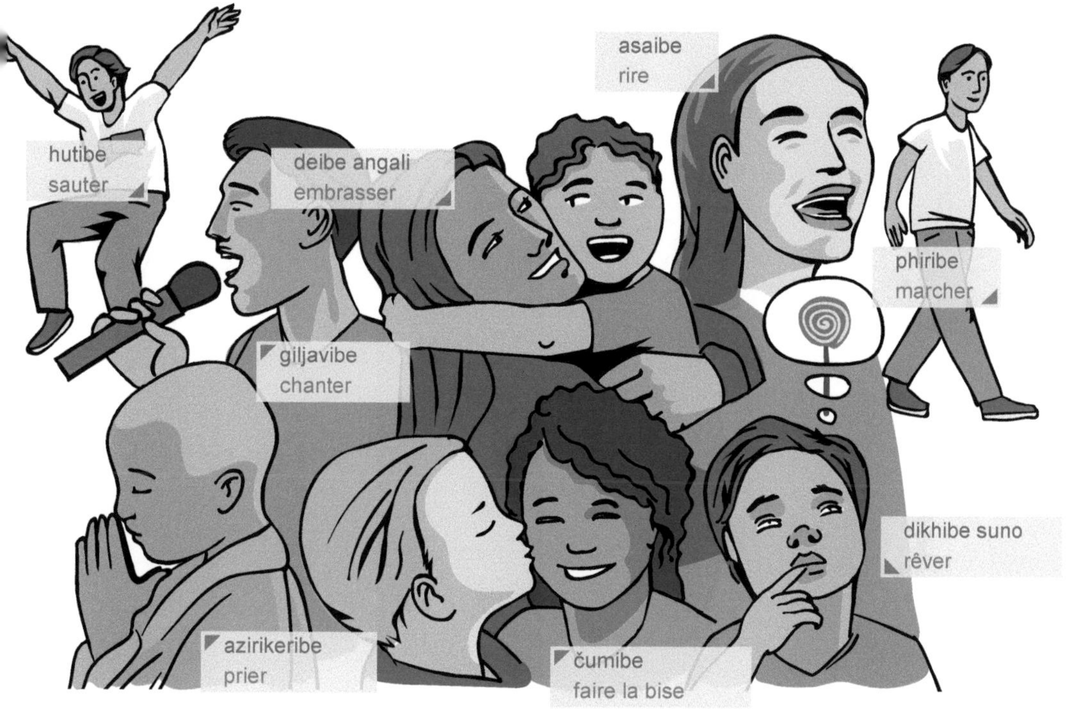

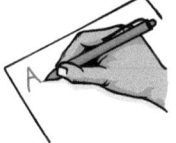

hramovibe

écrire

čitribe

dessiner

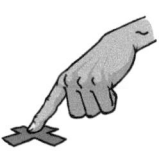

sikavibe

montrer

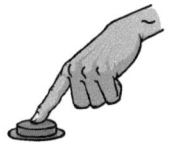

cidljaribe

pousser

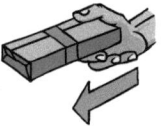

deibe

donner

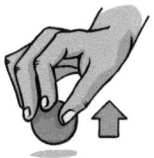

leibe

prendre

isibe

avoir

keribe

faire

te ovel

être

tergyovibe

être debout

prastaibe

courir

cidibe

trier

čhudibe

jeter

peribe

tomber

hovavibe

être couché

adžikeribe

attendre

phiravibe

porter

bešibe

être assis

urjavibe

s'habiller

sovibe

dormir

džangavibe

se réveiller

dikhibe ko

regarder

rovibe

pleurer

čalavibe

caresser

uhlavibr

peigner

vakeribe

parler

haljovibe

comprendre

puč

demander

šunibe

écouter

piibe

boire

habe

manger

užaribe

ranger

kamibe

aimer

keribe habe

cuire

paldibe vordon

conduire

urjalibe

voler

vaporea džaibe

faire de la voile

kalkulirin

calculer

drabaribe

lire

sikljovibe

apprendre

butikeribe

travailler

prandibe

se marier

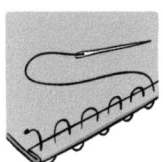

suvibe

coudre

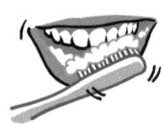

thovibe danda

brosser les dents

mudaribe

tuer

piibe dahani

fumer

bičhalibe

envoyer

familiya
la famille

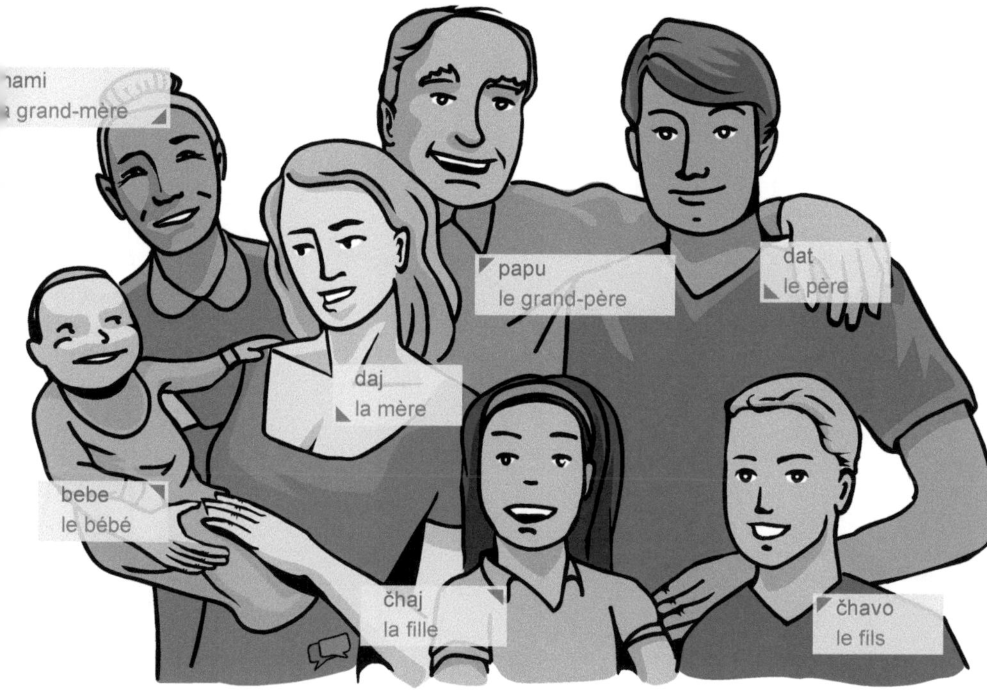

ami
grand-mère
papu
le grand-père
dat
le père
daj
la mère
bebe
le bébé
čhaj
la fille
čhavo
le fils

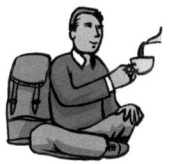

misafiri

l'hôte

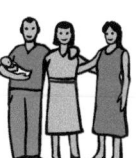

bibi

la tante

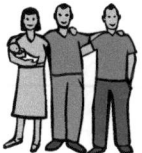

kako

l'oncle

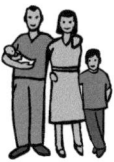

phral

le frère

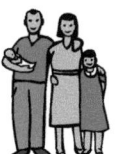

phen

la sœur

trupo

le corps

čekat
le front
jakh
l'œil
piko
l'épaule
naj
le doigt
muj
le visage
vilica
le menton
vast
la main
pundro
la jambe
čuči
la poitrine
musik
le bras

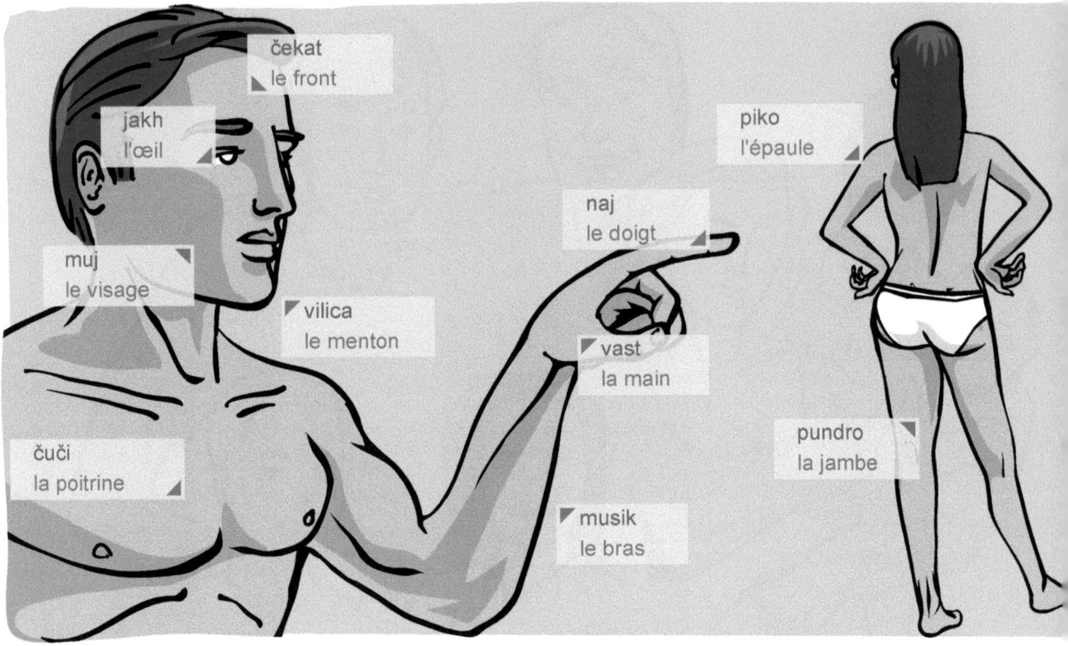

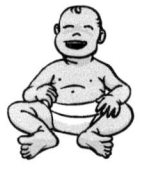

bebe

le bébé

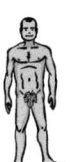

murš

l'homme

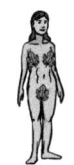

džuvli

la femme

čhaj

la fille

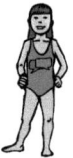

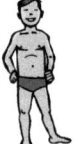

ćhavo

le garçon

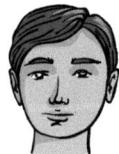

šero

la tête

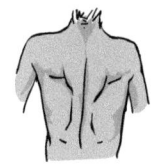

dumo

le dos

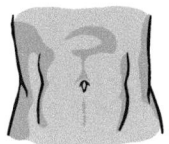

maškar

le ventre

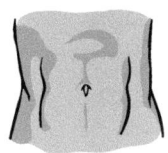

pupko

le nombril

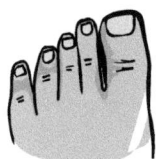

pundrenge naja

l'orteil

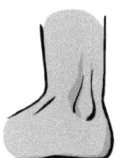

patum

le talon

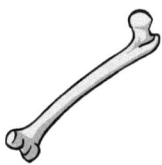

kokalo

l'os

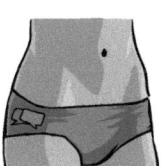

kuko

la hanche

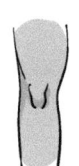

koč

le genou

lahci

le coude

nakh

le nez

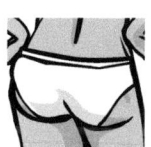

bul

les fesses

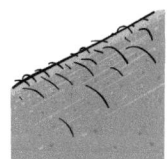

mortik

la peau

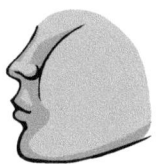

čham

la joue

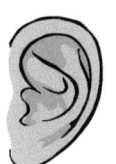

kan

l'oreille

voš

la lèvre

muj

la bouche

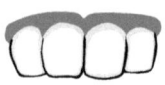

danda

la dent

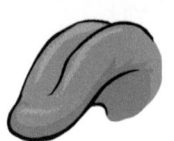

ćhib

la langue

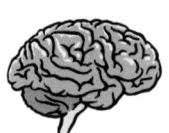

godi

le cerveau

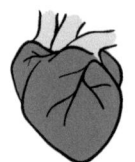

vilo

le cœur

muskulo

le muscle

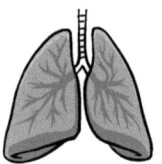

kolin

les poumons

buko

le foie

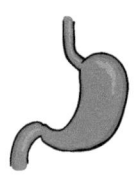

vogi

l'estomac

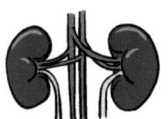

bubrekora

les reins

seks

le rapport sexuel

kondomi

le préservatif

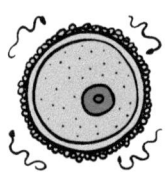

yarengi kletka

l'ovule

sperma

le sperme

khamnipe

la grossesse

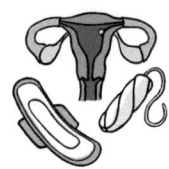

menstruaciya

la menstruation

vagina

le vagin

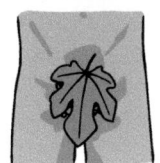

penis

le pénis

phov

le sourcil

bala

les cheveux

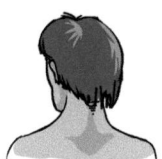

men

le cou

hospitalo
l'hôpital

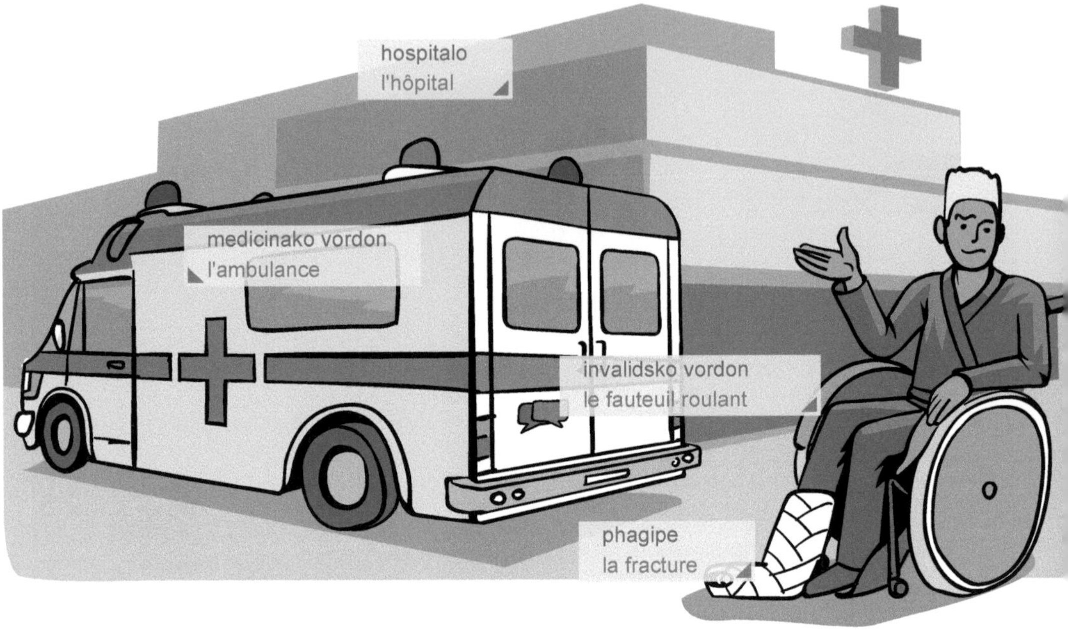

hospitalo
l'hôpital
medicinako vordon
l'ambulance
invalidsko vordon
le fauteuil roulant
phagipe
la fracture

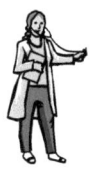

doktoro

le médecin

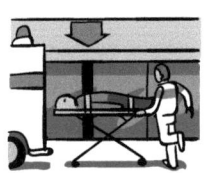

sigyarimaski kamara

le service des urgences

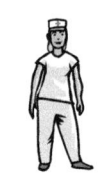

medicinaki phen

l'infirmière

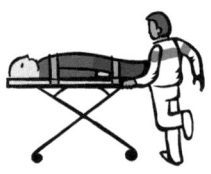

sigyaripen

l'urgence

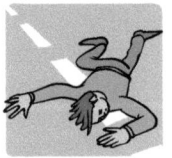

ki koma

inconscient

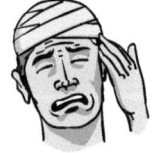

dukh

la douleur

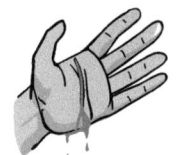

dukhavipen

la blessure

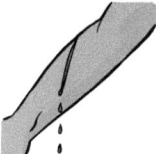

ratvaripe

l'hémorragie

infrakto

la crise cardiaque

šlog

l'attaque cérébrale

alergiya

l'allergie

khuinibe

la toux

tinanipe

la fièvre

gripa

la grippe

diyarea

la diarrhée

šereski dukh

le mal de tête

kanceri

le cancer

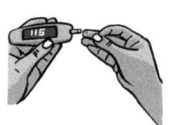

diyabetes

le diabète

operaciya

le chirurgien

skalperi

le scalpel

operaciya

l'opération

CT
le CT

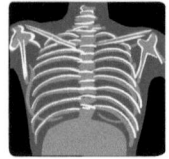

rentgen
la radiographie

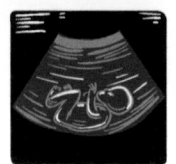

ultra avazo
l'échographie

mujeski maska
le masque

nasvalipe
la maladie

adžukyarimasko than
la salle d'attente

paterica
la béquille

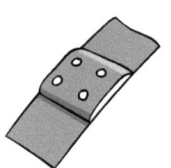

flastero
le pansement

phandimaski gaza
le pansement

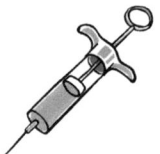

inyekciya
l'injection

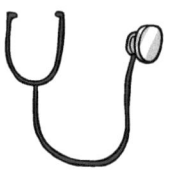

stetoskopo
le stéthoscope

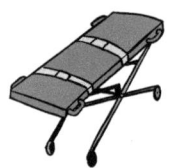

tregero
le brancard

klinicko termometro
le thermomètre

biyanipe
l'accouchement

baro thulipe
la surcharge pondérale

ašunimasko aparato

l'appareil auditif

dezinfekciako

le désinfectant

infekciya

l'infection

viruso

le virus

HIV / SIDA

le VIH / le sida

medicina

le médicament

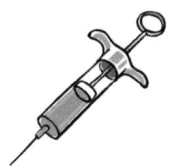

vakcinaciya

la vaccination

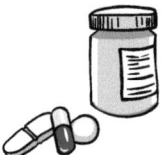

tabletura

les comprimés

hapi

la pilule

sigyarimasko akharipe

l'appel d'urgence

monitori vaš učo pretisak

le tensiomètre

nasvalo / sasto

malade / sain

Mažutisar!

Au secours !

atako

l'assaut

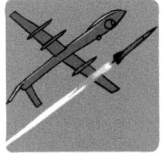

atako

l'attaque

dar buti

le danger

sigyarimasko iklyovipen

la sortie de secours

Bari jag!

Au feu!

mamuj jagako aparati

l'extincteur

bibax

l'accident

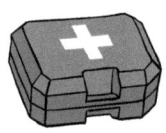

butya avgo ažutimaske

la trousse de premier
secours

SOS

SOS

Policia

la police

Evropa

l'Europe

Utarali Amerika

l'Amérique du Nord

Purabali Amerika

l'Amérique du Sud

Afrika

l'Afrique

Azija

l'Asie

Australia

l'Australie

Atlantiko

l'Océan atlantique

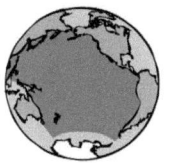

Pacifiko

l'Océan pacifique

Indiako Okeano

l'Océan indien

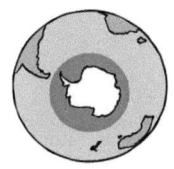

Antarktikosko Okeano

l'Océan antarctique

Arktikosko Okeano

l'Océan arctique

Utaralo poli

le Pôle nord

Purabalo poli

le Pôle sud

Antarktiko

l'Antarctique

phuv

la terre

phuv

le pays

samudra

la mer

džaziri

l'île

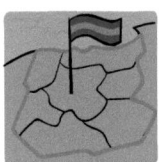

nacija

la nation

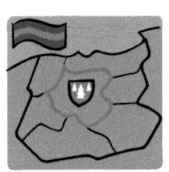

raštra

l'état

78   phuv - la terre

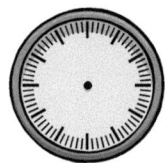

saatosko gendo

le cadran

saatoski sikavni

l'aiguille des heures

dakikongi sikavni

l'aiguille des minutes

ekundarno saatoski sikavin

l'aiguille des secondes

Kozom si o saato?

Quelle heure est-il ?

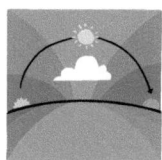

dive

le jour

vrama

le temps

akana

maintenant

digitalno saato

la montre digitale

dakika

la minute

časo

l'heure

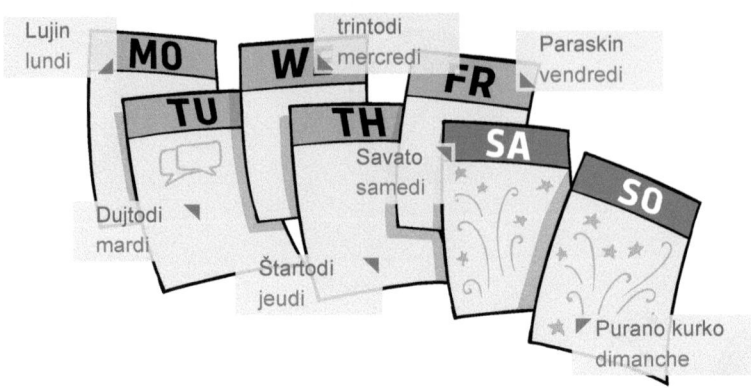

Lujin / lundi — **MO**
Dujtodi / mardi — **TU**
trintodi / mercredi — **W**
Štartodi / jeudi — **TH**
Paraskin / vendredi — **FR**
Savato / samedi — **SA**
Purano kurko / dimanche — **SO**

erati
hier

avdive
aujourd'hui

tajsa
demain

javin
le matin

ekvaš dive
le midi

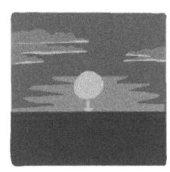

blevel
le soir

butyarne divesa
les jours ouvrables

vikend
le week-end

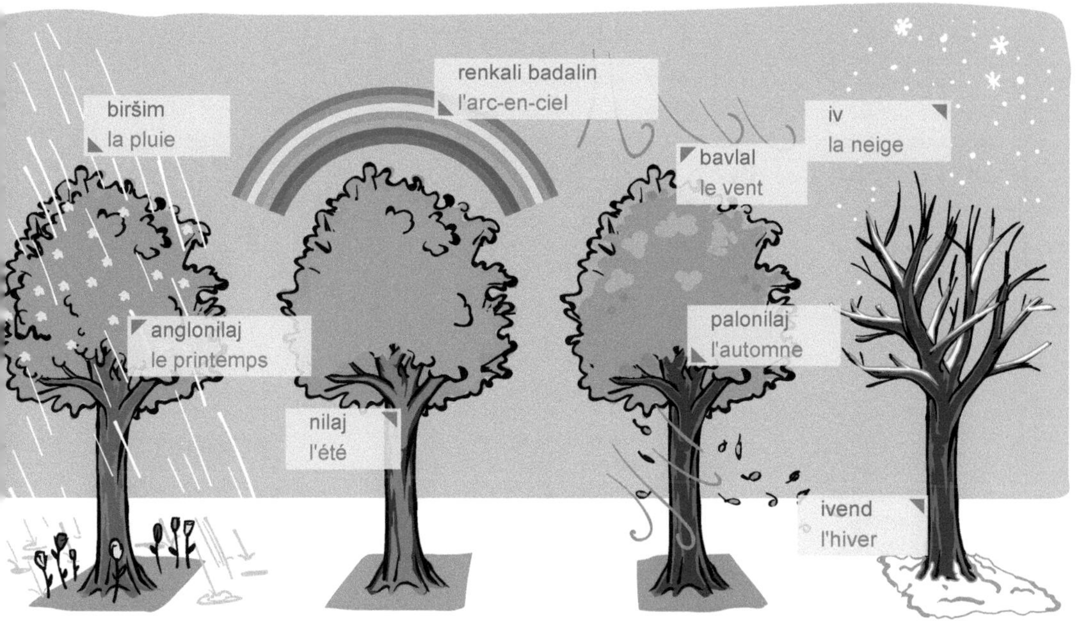

biršim
la pluie
renkali badalin
l'arc-en-ciel
iv
la neige
bavlal
le vent
anglonilaj
le printemps
palonilaj
l'automne
nilaj
l'été
ivend
l'hiver

4.APRIL 11°
5.APRIL 4°
6.APRIL 13°
7.APRIL 8°
8.APRIL 10°

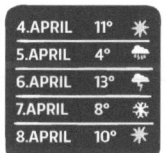

vramakoro vakeribe

la météo

F C
120 40
90 30
60 20
30 10
0 0
-30 -10
-20

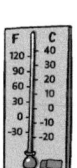

termometro

le thermomètre

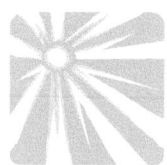

khamalo

la lumière du soleil

badal

le nuage

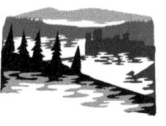

muhi

le brouillard

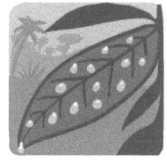

nemlime hava

l'humidité

šemšekoja

la foudre

šemšekosko čalavibe

la tonnerre

bura

la tempête

kijameti

la grêle

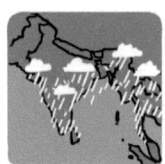

monsuni

la mousson

baro pani

l'inondation

paho

la glace

Januaro

janvier

Februaro

février

Marto

mars

Aprilo

avril

Majo

mai

Juno

juin

Julo

juillet

Augusto

août

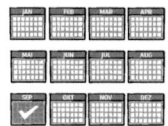

Septembro
....
septembre

Oktombro
....
octobre

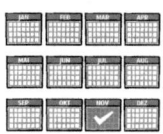

Novembro
....
novembre

Dekembro
....
décembre

forme
les formes

rota
....
le cercle

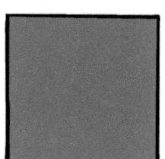

kvadrati
....
le carré

rektanglo
....
le rectangle

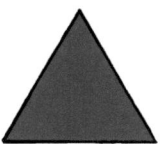

trianglo
....
le triangle

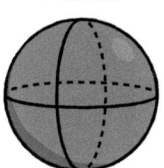

sfera
....
la sphère

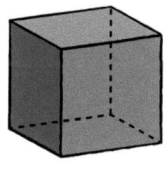

kocka
....
le cube

parni

blanc

galbeno

jaune

pomarandža

orange

roze

rose

loli

rouge

lila

violet

vunato

bleu

harjali

vert

kafeno

marron

kuršumlija

gris

kali

noir

but / hari

beaucoup / peu

holjame / mudro

fâché / calme

šuži / bišuži

joli / laid

starto / agor

le début / la fin

baro / tikno

grand / petit

puterde bojako / phanle bojako

clair / obscure

phral / phen

frère / soeur

užo / melalo

propre / sale

sahno / bisahno

complet / incomplet

dive / rat

le jour / la nuit

mulo / dživdo

mort / vivant

buvlo / tank

large / étroit

hala pe / na hala pe

comestible / incomestible

džungalo / šukar

méchant / gentil

bare vogjea / bi vogjea

excité / ennuyé

thulo / kišlo

gros / mince

avgo / paluno

le premier / le dernier

amal / dušmani

l'ami / l'ennemi

pherdo / čučo

plein / vide

zoralo / kovlo

dur / souple

pharo / lokho

lourd / léger

bokh / truš

faim / soif

nasvalo / sasto

malade / sain

ilegalno / legalno

illégal / légal

godyaver / bigodyako

intelligent / stupide

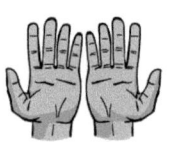

bajan / dahin

gauche / droite

paše / dur

proche / loin

nevo / purano

nouveau / usé

khanči / vareso

rien / quelque chose

phuro / terno

vieux / jeune

phabardo / ačhavdo

marche / arrêt

puterdo / phanlo

ouvert / fermé

mudro / bare avazeskoro

faible / fort

barvalo / čorolo

riche / pauvre

čačutno / došalo

correct / incorrect

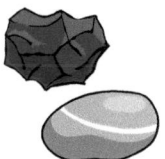

zoralo / kovlo

rugueux / lisse

mazuni / lošalo

triste / heureux

skurto / lungo

court / long

pohari / sigate

lent / rapide

sapano / šuko

mouillé / sec

tato / šudro

chaud / froid

mareba / sansari

la guerre / la paix

0

zero

zéro

1

jek

un / une

2

duj

deux

3

trin

trois

4

štar

quatre

5

panč

cinq

6

šov

six

7

efta

sept

8

ohto

huit

9

enja

neuf

10

deš

dix

11

dešujek

onze

12
dešuduj
douze

13
dešutrin
treize

14
dešuštar
quatorze

15
dešupanč
quinze

16
dešušov
seize

17
dešefta
dix-sept

18
dešohto
dix-huit

19
dešenja
dix-neuf

20
biš
vingt

100
šel
cent

1.000
milja
mille

1.000.000
milioni
le million

Anglicko

l'anglais

Americko Anglicko

l'anglais américain

Kinesko Mandarinsko

le chinois mandarin

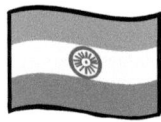

Indisko

le hindi

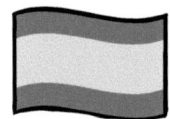

Špansko

l'espagnol

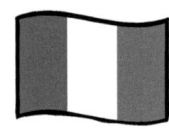

Francusko

le français

Arapsko

l'arabe

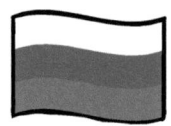

Rusko

le russe

Portugalsko

le portugais

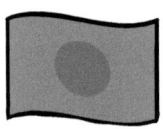

Bengalsko

le bengali

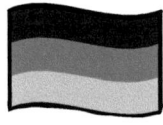

Nemicko

l'allemand

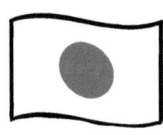

Japansko

le japonais

thaj

je

tu

tu

ov / oj

il / elle / ce, c', cela

amen

nous

tumen

vous

ola

ils / elles

ko?

Qui ?

so?

Quoi ?

sar?

Comment ?

kote?

Où ?

kana?

Quand ?

anav

le nom

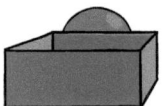

palal

derrière

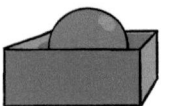

andre

dans

anglal o

devant

upral

au-dessus

an

sur

telal

en-dessous

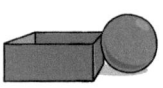

trujal

à côté de

maškaral

entre

than

le lieu